全国高等会计职业教育系列规划教材

纳税技能训练

第二版

主　编　张清芳　孔祥银　高育青
副主编　黄超平　林辉山　张　霄

WUHAN UNIVERSITY PRESS
武汉大学出版社

图书在版编目(CIP)数据

纳税技能训练/张清芳,孔祥银,高育青主编. —2 版. —武汉:武汉大学出版社,2015.3

全国高等会计职业教育系列规划教材

ISBN 978-7-307-15345-5

Ⅰ.纳…　Ⅱ.①张…　②孔…　③高…　Ⅲ.纳税—税收管理—中国—高等职业教育—教学参考资料　Ⅳ.F812.423

中国版本图书馆 CIP 数据核字(2015)第 039975 号

责任编辑:柴　艺　　　责任校对:汪欣怡　　　版式设计:马　佳

出版发行:**武汉大学出版社**　　(430072　武昌　珞珈山)

　　　　(电子邮件:cbs22@ whu. edu. cn 网址:www. wdp. com. cn)

印刷:湖北睿智印务有限公司

开本:787×1092　　1/16　　印张:10　　字数:231 千字　　插页:1

版次:2011 年 8 月第 1 版　　　2015 年 3 月第 2 版

　　　2015 年 3 月第 2 版第 1 次印刷

ISBN 978-7-307-15345-5　　　　定价:18. 00 元

全国高等会计职业教育系列规划教材编委会

主　任：田家富

副主任：孔祥银　黄超平　周列平　戴年昭

委　员：(按姓氏笔画为序)

孔祥银　田家富　兰　霞　刘海燕　何忠谱

张　萍　陈家旺　国燕萍　周列平　黄超平

章理智　程亚兰　蒲　萍　戴年昭

本书参与人员所在院校

张清芳　襄阳职业技术学院
孔祥银　湖北工业职业技术学院
高育青　襄阳职业技术学院
黄超平　湖北科技职业技术学院
林辉山　湖北工业职业技术学院
张　霄　襄阳职业技术学院
刘连香　湖南铁道职业技术学院

总　序

我国高等职业教育经过十年的发展，取得了举世瞩目的成就。特别是经过三年的示范建设，我们在校企合作、工学结合、人才培养模式改革、师资队伍建设、课程建设、教材建设等方面取得了一定的成绩，但也存在一些不尽如人意的地方。作为高职战线的一线工作者，我们一直在实践，一直在思考，一直在探索。

高职教育发展到今天，必须进行改革，这是大家的共识，改革的路径怎么选择？就是按照教育部 2006 年 16 号文件《关于全面提高高等职业教育教学质量的若干意见》(以下简称教育部 16 号文件) 的精神和高职教育"十二五"发展规划的要求进行。但怎么改？只有靠我们一线从事高职教育的老师去实践，去探索，不能人云亦云，不能断章取义，不能望文生义，不能浅尝辄止，更不能玩花架子。我们要把老师的心思真正用在教学改革上，要把老师的时间、精力真正用在教学改革上。改革不可能一蹴而就，改革是要付出代价的，改革是要有点精神的！

教学改革的依据是什么？我个人认为，我们必须充分考虑以下四个问题：一是高等教育大众化的背景；二是教学对象的实际(现有认知结构)；三是产业结构的调整与发展；四是科学技术的发展，在教育上就是现代教育技术手段的应用。只有将这四个问题研究透了，分析透了，我们的教学改革才能落到实处，才能有成效。

教学改革的目标是什么？提高教学质量！我们一切工作的出发点和落脚点就是提高教学质量，这是永恒的主题！提高教学质量的关键是教师。换句话说，改革的意识、改革的观念、改革的思路必须在一线的教师中真正生根发芽，必须由一线的教师认真地加以实践，只有这样改革才能成功。不依靠一线教师而进行的改革，是形式主义，是空中楼阁。由此看出，对一线教师改革意识、改革观念、改革思路的培养与提高就显得非常重要。教育部 16 号文件精神不是一次两次会议就能够理解透彻的。我们必须在理解文件精神的实质上下苦工夫，在改革的实践上下苦工夫，在改革的系统工程上下苦工夫。因此，我们必须通过课程建设、教材建设以及其他平台，让教师在实践中深刻理解教育部 16 号文件精神的实质。

教学改革改到深处，改到痛处，是课程改革，是教材改革。我们只有真正研制出特色教材、精品教材，才能为人才培养模式改革与创新提供支撑，才能为教学方法的改革提供支撑，才能为精品课堂提供支撑。

教材建设是专业建设中的一项基本建设，我们必须高度重视。教材是教学指导思想、培养目标、教学要求、教学内容的具体体现。教师通过教材全面、具体地理解教学要求与教学内容，以它为依据进行讲授并组织教学活动。学生以它为依据进行学习，通过教材掌握规定的知识和技能。实践证明，选一本好教材对提高教学质量至关重要。我们现在搞的课程建设与改革或者说精品课程建设，最终还是体现在教材建设上。同时，教材建设也是把精品课程转化为精品课堂的关键环节。

教材是什么？这个问题似乎有点老套！但最近对教材的讨论和争议比较多，有不同的观点！"教材是道具"这是我个人的观点。道具好一些，精一些，演出效果会好一些，这是毋庸置疑的。教师上课依纲据本固然没错，但我认为要是把教材看成是死板的、没有生命力的、单纯为完成教学目标而使用的一种介质就有问题了。著名的教育家叶圣陶老先生曾经说过："教材无非是个例子。"作为教师是用教材教，而不是教教材。我们一定要注意这个问题。从这个角度讲，教材一定要经典，不是花里胡哨，不是加这个，加那个，搞得五花八门。

高职高专教材建设的现状令我们不是很满意。纵观我国高职教育十年的发展，配套教材可以说是百花齐放，五花八门，既涌现了一批优秀的、有特色的教材，也出现了一批粗制滥造、滥竽充数的教材。具体存在以下问题：

1. 功利性太强，作者队伍参差不齐。最大的功利性表现在纯粹是为了评职称而参加教材的编写。有些作者对教育部 16 号文件精神和高职教育改革的最新理论成果一知半解，生搬硬套，贴标签；还有些作者对一些基本概念、基本知识和基本技能把握不准。这反映了高职教育十年的快速发展，导致师资队伍不能满足高职发展和改革的需要。

2. 教材版本一是多，二是乱，不成体系，不配套，导致我们无法选出顺手的、满意的教材。近年来，我们选用教材换了多种版本，总是看起来花哨，但是错误和漏洞百出。有的是教材没有配套的习题和技能训练，有的虽有习题和技能训练，但与教材内容又不配套，让我们非常苦恼。导致这个现状的原因主要有两个：一是出版社的问题，对一套教材的编写缺乏规划，缺乏专业编辑，缺乏科学的组织，缺乏资金的投入。二是学校的问题，缺乏对教师参加教材编写的统筹、组织与协调。教师参加教材的编写基本上停留在个人行为上，甚至出现大量的作者只参加教材的编写、学校不使用教材的现象。这样是不可能写出高质量的教材的。

3. 教师参加教材编写的积极性不高或者积极性没有得到充分发挥。一是虽然职称评审需要编写教材，但不是考核的主要指标。现在对高职教师职称的评审主要关注教师的企业工作经历和课程建设情况，但没有教材编写也不行。因此，有些老师不愿意在教材编写上下太大的工夫，不愿意投入时间和精力。二是作者的劳动报酬与投入的时间、精力不匹配，觉得不划算。一本高质量的教材，往往需要作者或者一个教学团队数年甚至数十年的努力和积累，才能够研制出来。

4. 片面理解"教学做一体化"。教育部16号文件明确指出"改革教学方法和手段，融'教、学、做'为一体，强化学生能力的培养"。结果，有些地方、有些老师对这句话进行了片面理解，有的甚至认为将习题与技能训练放在教材每章的后面就是教学做一体化了，甚至认为在人才培养方案中将实训课程单独列出来没有体现教学做一体化！这样，一方面人才培养方案不伦不类，另一方面教材不伦不类，弱化了学生的训练次数，严重降低了教学质量。

"融'教、学、做'为一体"，应该有多方面的理解。一是在人才培养方案中怎么体现？二是在课程中怎么体现？三是在教材中怎么体现？四是在教学方法上怎么体现？五是在教学模式上怎么体现？六是在教学组织形式上怎么体现？七是在不同的专业上应该怎么体现？

在高职会计专业教材建设中，我们必须以会计专业的人才培养目标为依据。高职会计专业的培养目标是：以各类中小企业及其他经济组织会计岗位（群）的任职能力要求为目标，培养德、智、体、美、劳全面发展，掌握会计专业基本知识和职业技能，具备良好职业道德和操作规范、严谨细致的会计职业素养，在校期间取得会计从业资格证书，毕业后能够采用手工或者利用电子计算机技术从事中小企业的出纳岗位工作、会计核算岗位工作、财务管理岗位工作、涉税业务处理岗位工作和会计监督岗位工作，并具有可持续发展能力的高素质技能型人才。这个目标始终是纲，不能动摇，不能降低！降低了就不是会计专业了，就变成"收银员"培训班了。如果这样，放在培训机构就可以了，就不需要学校教育了。

我个人认为在高职会计专业教材建设中，以下几个问题必须认真抓好：

1. 按照工作过程系统化来开发课程和研制教材。第一，职业特征的课程或教材都来源于工作过程。知识来源于实践，人类知识是在长期的实践中不断总结的成果。第二，系统化就是一个加工过程，用时髦的话讲就是将行动领域转化为学习领域的过程。这个系统化的方法选择太重要了！以前，我们的课程和教材也是一种系统化，决不能说这种系统化的方法不科学，只是这种方法适合于抽象思维能力强的人群，而相对于高等教育大众化后抽象思维能力弱的高职学生来讲，这个系统化的方法要重新选择。这就是我们课程改革、教材改革的重点和难点。第三，会计工作过程系统化的重点和难点在哪里？在会计核算基本技术这门课程上！实际上，我们以前的财务会计、财务管理、审计、出纳业务、会计信息化等课程就是按照工作过程进行系统化设计的，或者说是按照岗位来设计的。我们没有必要把前人的经验全部推翻！

2. 校企合作共同开发教材。在教材的研制过程中，我们坚持"从实践中来，到实践中去"，就必须依靠行业、企业专家。只有这样，我们的教材内容、所采用的实训素材才能真正来源于社会实际生活，才能与社会实际生活相符。在此基础上，我们再进行提炼，做到来源于生活但又高于生活，从而达到理论和实践的完美结合。

3. 必须与行业标准和职业资格接轨。会计的行业标准，就是财政部制定的标准，不管怎么改革，我们必须围绕这个标准来做，否则，就是瞎折腾！

研制出一套能全面准确地阐述和把握会计专业最新的发展动态和理论成果，充分吸收本专业国内外前沿研究成果，科学系统地归纳知识点的相互联系与发展规律，反映高职学生的心理特点和认知规律的会计系列教材，是我们广大会计教育工作者义不容辞的责任和义务。基于此，2010 年 12 月底，在武汉大学出版社和襄阳职业技术学院经济管理学院的大力支持下，我们组织了全国 34 所高职院校和部分本科院校的会计系主任、会计教研室主任和会计专业教师 60 多人，齐聚湖北襄阳，从讨论会计专业课程标准入手，共商编写一套体系完整、内容翔实、特色鲜明、质量上乘的会计系列教材。经过无数次的讨论、碰撞与磨合，我们取得了共识，并开始着手教材的编写工作。这些教材是老师们几十年教学经验的积累，是长期致力于教学改革的成果。有的课程是国家级精品课程，有的是教育部教指委精品课程，有的是省级精品课程，有的是院级精品课程。这次出版可共享教学改革的成果，同时也起到抛砖引玉的作用，希望后人能够不断创新，研制出更好的会计教材。

尽管我们在编写这套系列教材过程中进行了不懈的探索，付出了艰辛的劳动，并取得了一定的成果，但我们深感做得还很不够，需要我们改革的地方，需要我们突破的地方，需要我们创新的地方还很多，任重道远。加之时间仓促以及认识水平上的差异，这套系列教材不可避免地存在一些缺点和不足，我们恳请广大读者和同行不吝赐教。

一套精品教材，必须经过多次磨合、反复修改，才能逐步完善。路漫漫其修远兮，吾将上下而求索。在下一次修订出版时，我们会做得更好！

田家富

教育部高职高专工商管理教指委财务会计分委会委员

会计核算基本技术国家级精品课程负责人

国家级精品课程评审专家

湖北省高职学会财经教学组副组长

襄阳职业技术学院经济管理学院教授、院长

第二版前言

本书为孔祥银、黄超平、陈宏桥主编的《纳税实务》(第二版)的配套实训，内容包括企业纳税准备工作、增值税、消费税、营业税、关税、资源税类、财产税类、行为税类、企业所得税、个人所得税、企业纳税筹划等分项技能训练及纳税技能综合训练，主要训练涉税业务会计处理和填写纳税申报表两项技能。训练任务以企业涉税经济业务及相关原始凭证或账户资料为载体，要求学生按任务目标和既定步骤操作。

第二版对第一版内容进行了删减，仅保留了技能训练部分，并对其进行了充实和更新。发票样式和有关税种申报表均按国家税务总局最新要求进行了调整和更新。通过修订，力求突出技能、增强实用性。

本书由张清芳、孔祥银、高育青任主编，黄超平、林辉山、张霄任副主编。具体分工如下：情境一、情境九和情境十二由张清芳编写；情境二、情境三由高育青编写；情境四由黄超平编写；情境五由刘连香编写；情境六由孔祥银编写；情境七由林辉山编写；情境八由张霄编写；情境十、情境十一由孔祥银编写。全书由张清芳负责统稿与修改。

本书引用和模拟了一些企业基本情况，使用了大量的原始凭证和账表，由于多种原因，可能还存在一些缺点和错漏之处，恳望得到批评指正。

本书的编写得到了各位编者所在院校及部分企业财务人员的大力支持，在此一并深表谢意。

编 者
2015 年 1 月

1

前　言

　　十多年来，我国高等职业教育发展迅速，工学结合、任务驱动、"教、学、做"一体化等教学理念、教学模式和教学方法已经逐步得到贯彻和实施。为了适应高等职业教育的发展要求，满足高职财经类税法教学训练的需要，我们特地邀请了一批"双师型"教师与行业和企业合作研制了这本《纳税实务习题与技能训练》。本书与白安义、陈宏桥和刘伟主编的《纳税实务》教材相配套，内容包括企业纳税准备工作、增值税纳税实务、消费税纳税实务、营业税纳税实务、关税纳税实务、资源税类纳税实务、财产税类纳税实务、行为税类纳税实务、企业所得税纳税实务、个人所得税纳税实务和纳税筹划及纳税实务技能综合训练等共计12个学习情境的训练。每个学习情境的训练基本上由习题训练和技能训练两部分组成。

　　习题训练包括单项选择题、多项选择题、判断题和计算题等四种形式，旨在加强学生对税收基本理论的学习和理解；同时，这部分训练为后续的技能训练奠定了必要的理论基础。技能训练是本书的主体部分，内容主要包括税额计算、涉税业务会计处理和填写纳税申报表。技能训练以企业涉税经济业务和相关原始凭证或账户资料为背景，按实际的工作任务目标和工作步骤安排、组织训练内容。

　　本书由张清芳任第一主编，李杰和高育清任主编，廖海燕、周殿红和胡睿任副主编，白安义、谢晓翠、吕均刚、韩宗强、何玉英、施军、刘伟、朱珊、刘连香、陈宏桥参加了本书的编写工作。各学习情境的具体分工如下：学习情境一由谢晓翠和吕均刚编写，学习情境二由白安义编写，学习情境三由高育清编写，学习情境四由胡睿和朱珊编写，学习情境五由刘连香编写，学习情境六由韩宗强和何玉英编写，学习情境七由廖海燕编写，学习情境八由李杰编写，学习情境九由刘伟编写，学习情境十由施军和周殿红编写，学习情境十一由陈宏桥编写，学习情境十二由张清芳编写。全书由白安义教授设计，张清芳统稿、修改和定稿。

教材引用和模拟了一些企业基本情况，使用了大量的原始凭证和账表，由于多种原因，一定有不少缺点和错漏之处，恳望得到批评指正。

本教材的编写得到了各位编者所在院校、湖北襄阳税务机关及部分企业财务人员的大力支持，同时参考了部分同行编写的有关教材，在此一并深表谢意。

编　者

2011 年 5 月

目 录

企业纳税准备工作

技能训练一 税收征管案例分析

1. 2014 年 7 月盛华旅行社组团赴国内各地旅游，共取得旅游收入 200 000 元，根据《营业税暂行条例》和《营业税暂行条例实施细则》的有关规定，该旅行社本月应纳营业税＝营业额×税率＝200 000×5%＝10 000(元)。请回答下列问题：

(1)指出本案例所涉及的纳税义务人、计税依据、税率、纳税期限及具体负责征收和管理的税务机关。

(2)本案例所涉及的税率类型是比例税率。除比例税率之外，我国还采用了哪些税率形式？

2. C 市某私营企业生产润滑油，于 2014 年 4 月 10 日办理工商营业执照登记，在未办理税务登记的情况下，于同年 4 月 20 日擅自伪造税务登记件，同年 5 月 10 日开始生产产品。经群众举报，C 市国税局稽查局对其进行了纳税检查。经查实，该企业上述违法行为属实，而且未按规定设置账簿，账目混乱、账证不全、拒不配合检查。自 2014 年 5 月至 2014 年 12 月末共销售润滑油 600 桶，实现销售收入(含税价)150 万元，并开具使用非法购买的伪造普通发票 75 份。C 市国税局稽查局对本案应如何处理？

技能训练二 填写税务登记表

一、知识准备

熟悉和掌握税务登记的期限、报送资料和《税务登记表》的填写方法。

二、参考范本

税务登记表

(适用单位纳税人)

填表日期：2015 年 1 月 1 日

纳税人名称	X 公司	纳税人识别号	六位行政区划代码+组织机构代码
登记注册类型	按照营业执照类型填写	批准设立机关	工商执照发照机关
组织机构代码	组织机构代码证书号码	批准设立证明或文件号	按照发文机关文号填写

续表

开业（设立)日期	工商执照标注的成立日期	生产经营期限	工商执照标注的营业期限	证照名称	法人、营业执照或其他	证照号码	执照、证件号码

注册地址	工商执照注册地址		邮政编码	据实填写	联系电话	据实填写
生产经营地址	实际经营地址		邮政编码	据实填写	联系电话	据实填写

核算方式	请选择对应项目打"√"□独立核算 □非独立核算		从业人数	其中外籍人数
单位性质	请选择对应项目打"√"□企业 □事业单位 □社会团体 □民办非企业单位 □其他			
网站网址		国标行业	□□□□□□□见填表说明	
适用会计制度	请选择对应项目打"√" □企业会计制度　□小企业会计制度　□金融企业会计制度　□行政事业单位会计制度			

经营范围
依据工商执照标注的经营范围填写

法人身份证明复印件
（正面）

内容 ＼ 项目 ＼ 联系人	姓名	身份证件		固定电话	移动电话	电子邮箱
		种　类	号　码			
法定代表人(负责人)	某某某	居民身份或护照				
财务负责人	某某某	居民身份或护照				
办税人	某某某	居民身份或护照				

据实填写

税务代理人名称	纳税人识别号	联系电话	电子邮箱

注册资本或投资总额	币种	金额	币种	金额	币种	金额

按营业执照填写

投资方名称	投资方经济性质	投资比例	证件种类	证件号码	国籍或地址
某某某					
某某某					

以公司章程为准

自然人投资比例	外资投资比例	国有投资比例

续表

分支机构名称	注册地址	纳税人识别号	
	由分支机构据实填写		

总机构名称		纳税人识别号	
注册地址		经营范围	
法定代表人姓名		联系电话	注册地址邮政编码	

代扣代缴代收代缴税款业务情况	代扣代缴、代收代缴税款业务内容	代扣代缴、代收代缴税种

附报资料：营业执照复印件、公司章程等

经办人签章：某某某 2009 年 01 月 01 日	法定代表人(负责人)签章：某某某 2009 年 01 月 01 日	纳税人公章： 公 章 2009 年 01 月 01 日

以下由税务机关填写：

纳税人所处街乡		隶属关系	
国税主管税务局		国税主管税务所(科)		是否属于国税、地税共管户	
地税主管税务局		地税主管税务所(科)			

经办人(签章)：........ 国税经办人： 地税经办人：........... 受理日期： 　年　　月　　日........	国家税务登记机关 (税务登记专用章)： 核准日期： 　年　　月　　日 国税主管税务机关：	地方税务登记机关 (税务登记专用章)： 核准日期： 　年　　月　　日 地税主管税务机关：

国税核发《税务登记证副本》数量：　　　本　发证日期：_____年_____月_____日

地税核发《税务登记证副本》数量：　　　本　发证日期：_____年_____月_____日

国家税务总局监制

填表说明

一、本表适用于各类单位纳税人填用。

二、从事生产、经营的纳税人应当自领取营业执照，或者自有关部门批准设立之日起30日内，或者自纳税义务发生之日起30日内，到税务机关领取税务登记表，填写完整后提交税务机关，办理税务登记。

三、办理税务登记应当出示、提供以下证件资料(所提供资料原件用于税务机关审核，复印件留存税务机关)：

1. 营业执照副本或其他核准执业证件原件及其复印件。

2. 组织机构代码证书副本原件及其复印件。

3. 注册地址及生产、经营地址证明(产权证、租赁协议)原件及其复印件；如为自有房产，请提供产权证或买卖契约等合法的产权证明原件及其复印件；如为租赁的场所，请提供租赁协议原件及其复印件，出租人为自然人的还须提供产权证明的复印件；如生产、经营地址与注册地址不一致，请分别提供相应证明。

4. 公司章程复印件。

5. 有权机关出具的验资报告或评估报告原件及其复印件。

6. 法定代表人(负责人)居民身份证、护照或其他证明身份的合法证件原件及其复印件；复印件分别粘贴在税务登记表的相应位置上。

7. 纳税人跨县(市)设立的分支机构办理税务登记时，还须提供总机构的税务登记证(国、地税)副本复印件。

8. 改组改制企业还须提供有关改组改制的批文原件及其复印件。

9. 税务机关要求提供的其他证件资料。

四、纳税人应向税务机关申报办理税务登记。完整、真实、准确、按时地填写此表。

五、使用碳素或蓝墨水的钢笔填写本表。

六、本表一式二份(国地税联办税务登记的本表一式三份)。税务机关留存一份，退回纳税人一份(纳税人应妥善保管，验换证时需携带查验)。

七、纳税人在新办或者换发税务登记时应报送房产、土地和车船有关证件，包括：房屋产权证、土地使用证、机动车行驶证等证件的复印件。

八、表中有关栏目的填写说明：

1. "纳税人名称"栏：指《企业法人营业执照》或《营业执照》或有关核准执业证书上的"名称"。

2. "身份证件名称"栏：一般填写"居民身份证"，如无身份证，则填写"军官证"、"士兵证"、"护照"等有效身份证件。

3. "注册地址"栏：指工商营业执照或其他有关核准开业证照上的地址。

4. "生产经营地址"栏：填办理税务登记的机构生产经营地址。

5. "国籍或地址"栏：外国投资者填国籍，中国投资者填地址。

6. "登记注册类型"栏：即经济类型，按营业执照的内容填写；不需要领取营业执照的，选择"非企业单位"或者"港、澳、台商企业常驻代表机构及其他"、"外国企业"；如为分支机构，按总机构的经济类型填写。

分类标准：

110 国有企业　120 集体企业　130 股份合作企业　141 国有联营企业　142 集体联营企业

143 国有与集体联营企业　149 其他联营企业　151 国有独资公司　159 其他有限责任公司

160 股份有限公司　171 私营独资企业　172 私营合伙企业　173 私营有限责任公司　174 私营股份有限公司

190 其他企业　210 合资经营企业(港或澳、台资)　220 合作经营企业(港或澳、台资)

230 港、澳、台商独资经营企业　240 港、澳、台商独资股份有限公司　310 中外合资经营企业

320 中外合作经营企业　330 外资企业　340 外商投资股份有限公司　400 港、澳、台商企业常驻代表机构及其他

500 外国企业　600 非企业单位

7.“投资方经济性质”栏：单位投资的，按其登记注册类型填写；个人投资的，填写自然人。

8.“证件种类”栏：单位投资的，填写其组织机构代码证；个人投资的，填写其身份证件名称。

9.“国标行业”栏：按纳税人从事生产经营行业的主次顺序填写，其中第一个行业填写纳税人的主行业。

国民经济行业分类标准(GB/T4754-2002)：

A—农、林、牧、渔业

01—农业　02—林业　03—畜牧业　04—渔业　05—农、林、牧、渔服务业

B—采矿业

06—煤炭开采和洗选业　07—石油和天然气开采业　08—黑色金属矿采选业

09—有色金属矿采选业　10—非金属矿采选业　11—其他采矿业

C—制造业

13—农副食品加工业　14—食品制造业　15—饮料制造业

16—烟草制品业　17—纺织业　18—纺织服装、鞋、帽制造业

19—皮革、毛皮、羽毛(绒)及其制品业　20—木材加工及木、竹、藤、棕、草制品业

21—家具制造业　22—造纸及纸制品业

23—印刷业和记录媒介的复制　24—文教体育用品制造业

25—石油加工、炼焦及核燃料加工业　26—化学原料及化学制品制造业

27—医药制造业　28—化学纤维制造业

29—橡胶制品业　30—塑料制品业

31—非金属矿物制品业　32—黑色金属冶炼及压延加工业

33—有色金属冶炼及压延加工业　34—金属制品业

35—普通机械制造业　36—专用设备制造业

37—交通运输设备制造业　39—电气机械及器材制造业

40—通信设备、计算机及其他电子设备制造业　41—仪器仪表及文化、办公用机械制造业

42—工艺品及其他制造业　43—废弃资源和废旧材料回收加工业

D—电力、燃气及水的生产和供应业

44—电力、燃气及水的生产和供应业　45—燃气生产和供应业　46—水的生产和供应业

E—建筑业

47—房屋和土木工程建筑业　48—建筑安装业　49—建筑装饰业　50—其他建筑业

F—交通运输、仓储和邮政业

51—铁路运输业　52—道路运输业

53—城市公共交通业　54—水上运输业

55—航空运输业　56—管道运输业

57—装卸搬运及其他运输服务业　58—仓储业

59—邮政业

G—信息传输、计算机服务和软件业

60—电信和其他信息传输服务业　61—计算机服务业　62—软件业

H—批发和零售业

63—批发业　65—零售业

I—住宿和餐饮业

66—住宿业　67—餐饮业

J—金融业

68—银行业　69—证券业　70—保险业　71—其他金融活动

K—房地产业

72—房地产业

L—租赁和商务服务业

73—租赁业　74—商务服务业

M—科学研究、技术服务和地质勘查业

75—研究与试验发展　76—专业技术服务业　77—科技交流和推广服务业　78—地质勘查业

N—水利、环境和公共设施管理业

79—水利管理业　80—环境管理业　81—公共设施管理业

O—居民服务和其他服务业

82—居民服务业　83—其他服务业

P—教育

84—教育

Q—卫生、社会保障和社会福利业

85—卫生　86—社会保障业　87—社会福利业

R—文化、体育和娱乐业

88—新闻出版业　89—广播、电视、电影和音像业　90—文化艺术业　91—体育　92—娱乐业

S—公共管理与社会组织

93—中国共产党机关　94—国家机构　95—人民政协和民主党派

96—群众社团、社会团体和宗教组织　97—基层群众自治组织

T—国际组织

98—国际组织

三、训练资料

××大酒店有限公司为股份制企业，组织机构代码12063558。酒店于2014年1月5日领取工商营业执照，11月26日正式开业。该酒店主管单位为某房地产开发集团，申请注册地为××市中山区，生产经营地址为中山区滨海路12号。该酒店为餐饮、住宿、娱乐为一体的三星级酒店，兼营烟酒、字画、古董、玉石的零售，经营期限20年，酒店员工共计140人。该酒店实行独立核算，自负盈亏，适用企业会计制度。该酒店工商营业执照核准的注册资本为15 000万元，企业合同规定的投资总额为16 000万元。酒店法人代表李灵，财务主管刘佳，办税员王红。

四、训练要求

根据训练资料填写《税务登记表》。

税务登记表
(适用单位纳税人)

填表日期：

纳税人名称			纳税人识别号		
登记注册类型			批准设立机关		
组织机构代码			批准设立证明或文件号		
开业(设立)日期		生产经营期限	证照名称		证照号码
注册地址			邮政编码		联系电话
生产经营地址			邮政编码		联系电话
核算方式	请选择对应项目打"√" □ 独立核算 □ 非独立核算			从业人数	其中外籍人数____
单位性质	请选择对应项目打"√" □ 企业 □ 事业单位 □ 社会团体 □ 民办非企业单位 □ 其他				
网站网址			国标行业	□□□□□ □□	
适用会计制度	请选择对应项目打"√" □ 企业会计制度 □ 小企业会计制度 □ 金融企业会计制度 □ 行政事业单位会计制度				
经营范围		请将法定代表人(负责人)身份证件复印件粘贴在此处。			

项目 内容 联系人	姓名	身份证件		固定电话	移动电话	电子邮箱
		种类	号码			
法定代表人(负责人)						
财务负责人						
办税人						

税务代理人名称	纳税人识别号	联系电话	电子邮箱

注册资本或投资总额	币种	金额	币种	金额	币种	金额

投资方名称	投资方经济性质	投资比例	证件种类	证件号码	国籍或地址

自然人投资比例		外资投资比例		国有投资比例	

分支机构名称	注册地址	纳税人识别号

续表

总机构名称		纳税人识别号	
注册地址		经营范围	
法定代表人姓名		联系电话	注册地址邮政编码	
代扣代缴代收代缴税款业务情况	代扣代缴、代收代缴税款业务内容		代扣代缴、代收代缴税种
附报资料：			
经办人签章：	法定代表人（负责人）签章：		纳税人公章：

以下由税务机关填写：

纳税人所处街乡			隶属关系	
国税主管税务局		国税主管税务所（科）	是否属于国税、地税共管户	
地税主管税务局		地税主管税务所（科）		
经办人（签章）： 国税经办人：_____ 地税经办人：_____ 受理日期： ____年____月____日	国家税务登记机关 （税务登记专用章）： 核准日期： ____年____月____日 国税主管税务机关：		地方税务登记机关 （税务登记专用章）： 核准日期： ____年____月____日 地税主管税务机关：	
国税核发《税务登记证副本》数量：　　本　　发证日期：_____年____月____日				
地税核发《税务登记证副本》数量：　　本　　发证日期：_____年____月____日				

技能训练三　填写纳税人税种认定表

一、知识准备

根据不同单位的生产经营范围及税法的有关规定，判别其涉税事项所属税种及征收管理机构；熟悉和掌握国税、地税两套税务机构的《纳税人税种认定表》的填写方法。

二、参考范本

纳税人税种认定表

纳税人识别号	按税务登记证上标注的号码填写		
纳税人流水号	××××	纳税人名称	湖北××房地产开发有限公司

一、营业税：

应税项目	1. 交通运输业□　2. 建筑业☑　3. 金融保险业□　4. 邮电通信业□　5. 文化体育业□　6. 娱乐业□　7. 服务业☑　8. 转让无形资产☑　9. 销售不动产☑

二、企业所得税：

类别	1. 独立核算☑　2. 非独立核算□
预缴方式	1. 每季度按上年度四分之一□　2. 每季度按实际所得□　3. 每月按实际所得□　4. 每季按销售额和预征率预征☑

三、资源税：

名称		应税项目	

四、土地增值税：

类别	1. 房地产开发☑2. 非房地产开发□	缴纳方式	1. 按月预缴☑2. 按次预缴□

五、房产税：

类别	1. 自用房产☑2. 出租房产☑	缴纳方式	1. 按月☑2. 按季☑3. 按半年□

六、车船税：

类别	1. 机动船□　2. 非机动船□　3. 机动车☑　4. 非机动车□

七、城镇土地使用税：

类别	1. 大城市□　2. 中等城市□　3. 小城市□　4. 县城、建制镇、工矿区☑　5. 农村□
等级	1. 一级☑　2. 二级□　3. 三级□　4. 四级□　5. 五级□

八、城市维护建设税：

类别	1. 增值税□　2. 消费税□　3. 营业税☑
性质	1. 市区□　2. 县城、建制镇☑　3. 其他□

九、教育费附加：

类别	1. 增值税□　2. 消费税□　3. 营业税☑

十、个人所得税

方式	1. 按月计算☑　2. 按年计算，分月预缴□　3. 按次□
类别	1. 工资薪金所得☑　2. 个体工商户生产经营所得□　3. 对企事业单位承包承租经营所得□　4. 劳务报酬所得☑　5. 稿酬所得□　6. 特许权使用费所得□　7. 利息股息红利所得☑　8. 财产租赁所得□　9. 财产转让所得□　10. 偶然所得□　11. 其他所得□

十一、印花税：	
类别	1. 购销合同☑ 2. 加工承揽合同□ 3. 建设工程勘察设计合同☑ 4. 财产租赁合同☑ 5. 建筑安装工程承包合同☑ 6. 货物运输合同☑ 7. 仓储保管合同□ 8. 借款合同☑ 9. 财产保险合同☑ 10. 技术合同□ 11. 产权转移书据□ 12. 营业账簿☑ 13. 权利许可证照☑
十二、堤防维护费：	
类别	1. 增值税□ 2. 消费税□ 3. 营业税☑
十三、文化事业建设费：	
类别	1. 娱乐业□ 2. 广告业□
十四、地方教育附加费：	
类别	1. 增值税□ 2. 消费税□ 3. 营业税☑
十五、旅游开发基金：	
类别	1. 旅游企业□
十六、	
十七、	
十八、	

以上内容纳税人必须如实填写，如内容发生变化，应及时办理变更登记。
以下由税务机关填写：

税种名称	税目或品目	纳税期限	申报期限	税率或单位税额	缴款方式	金库	预算级次	款项分类	款项分类名称	是否单独纳税
认定人		认定日期			录入人			录入日期		

说明：1. 本文书系纳税人根据工商登记的生产经营范围及税法的有关规定，对纳税事项的自行核定及税务机关据此核定的应税项目。
　　　2. 本文书一式三份，纳税人填写后，与税务登记表一同交给主管税务机关。
　　　3. 税务机关审核填写有关栏目后，一份交纳税人，两份留存归档。
　　　4. 纳税人纳税事项变动后，应重新填制此表。

三、训练资料

A 市乙电气设备制造有限公司(增值税一般纳税人)成立于 2014 年 9 月,2014 年 9 月 28 日取得工商行政管理局核发的企业法人营业执照(企业所得税由 A 市地方税务局征收管理,按月预缴,年终汇算清缴),企业住所:A 市 B 区中山路 3 号(位于市区中心)。经营范围:成套开关设备、高低压母线、变压器、箱式变电站、输配电及控制设备、电器元器件的生产及销售。公司经营和管理用固定资产包括房屋、机器设备、载货汽车、小汽车。职工工资及独立董事的劳务报酬按月发放。

四、训练要求

根据训练资料分别填写国税和地税《纳税人税种认定表》。

地税纳税人税种认定表

纳税人识别号 ☐☐☐☐☐☐☐☐☐☐☐☐☐☐☐

纳税人流水号		纳税人名称	
一、营业税:			
应税项目	1. 交通运输业□　2. 建筑业□　3. 金融保险业□　4. 邮电通信业□　5. 文化体育业□		
	6. 娱乐业□　7. 服务业□　8. 转让无形资产□　9. 销售不动产□		
二、企业所得税:			
类别	1. 独立核算□　2. 非独立核算□		
预缴方式	1. 每季度按上年度四分之一□　2. 每季度按实际所得□　3. 每月按实际所得□		
	4. 每季按销售额和预征率预征□		
三、资源税:			
名称		应税项目	
四、土地增值税:			
类别	1. 房地产开发□　2. 非房地产开发□	缴纳方式	1. 按月预缴□　2. 按次预缴□
五、房产税:			
类别	1. 自用房产□　2. 出租房产□	缴纳方式	1. 按月□　2. 按季□　3. 按半年□
六、车船税:			
类别	1. 机动船□　2. 非机动船□　3. 机动车□　4. 非机动车□		
七、城镇土地使用税:			
类别	1. 大城市□　2. 中等城市□　3. 小城市□　4. 县城、建制镇、工矿区□　5. 农村□		
等级	1. 一级□　2. 二级□　3. 三级□　4. 四级□　5. 五级□		

续表

八、城市维护建设税：	
类别	1. 增值税□　 2. 消费税□　 3. 营业税□
性质	1. 市区□　 2. 县城、建制镇□　 3. 其他□

九、教育费附加：	
类别	1. 增值税□　 2. 消费税□　 3. 营业税□

十、个人所得税	
方式	1. 按月计算　 □2. 按年计算，分月预缴□　 3. 按次□
类别	1. 工资薪金所得□　 2. 个体工商户生产经营所得□　 3. 对企事业单位承包承租经营所得□ 4. 劳务报酬所得□　 5. 稿酬所得□　 6. 特许权使用费所得□　 7. 利息股息红利所得□ 8. 财产租赁所得□　 9. 财产转让所得□　 10. 偶然所得□　 11. 其他所得□

十一、印花税：	
类别	1. 购销合同□ 2. 加工承揽合同□　 3. 建设工程勘察设计合同□　 4. 财产租赁合同□ 5. 建筑安装工程承包合同□　 6. 货物运输合同□　 7. 仓储保管合同□　 8. 借款合同□ 9. 财产保险合同□　 10. 技术合同□　 11. 产权转移书据□　 12. 营业账簿□　 13. 权利许可证照□

十二、堤防维护费：	
类别	1. 增值税□　 2. 消费税□　 3. 营业税□

十三、文化事业建设费：	
类别	1. 娱乐业□　 2. 广告业□

十四、地方教育附加费：	
类别	1. 增值税□　 2. 消费税□　 3. 营业税□

十五、旅游开发基金：	
类别	1. 旅游企业□

十六、

十七、

十八、

以上内容纳税人必须如实填写，如内容发生变化，应及时办理变更登记。
以下由税务机关填写：

续表

税种名称	税目或品目	纳税期限	申报期限	税率或单位税额	缴款方式	金库	预算级次	款项分类	款项分类名称	是否单独纳税

认定人		认定日期		录入人		录入日期	

国税纳税人税种认定表(纳税人填写)

纳税人识别号　　　　　　　　　　　　　纳税人名称(盖章)：

一、增值税：				
类别	1. 销售货物□ 2. 加工　　□ 3. 修理修配□ 4. 其他　　□	货物或项目名称	主营	
			兼营	
纳税人认定情况	1. 增值税一般纳税人□　2. 小规模纳税人□　3. 暂认定增值税一般纳税人□			
经营方式	1. 境内经营货物□　2. 境内加工修理□　3. 自营出口□　4. 间接出口□ 5. 收购出口□　6. 加工出口□			
备注：				
二、消费税：				
类别	1. 生产　　□ 2. 委托加工□ 3. 零售　　□	应税消费品名称	1. 烟□　2. 酒及酒精□　3. 化妆品□　4. 护肤、护发品□ 5. 贵重首饰及珠宝玉石□　6. 鞭炮、烟火□　7. 汽油□ 8. 柴油□　9. 汽车轮胎□　10. 摩托车□　11. 小汽车□	
经营方式	1. 境内销售□　2. 委托加工出口□　3. 自营出口□　4. 境内委托加工□			
备注：				
三、营业税：				

续表

经营项目	主营	
	兼营	

备注：	

四、企业所得税：	
法定或申请 纳税方式	1. 按实纳税□　　2. 核定利润率计算纳税□　　3. 按经费支出换算收入计算纳税□ 4. 按佣金率换算收入纳税□　　5. 航空、海运企业纳税方式□　　6. 其他纳税方式□
非生产性收入占总 收入的比例(%)	
备注：季度预缴方式：1. 按上年度四分之一□　　2. 按每季度实际所得□	
五、其他税：	

注：本表略去税务机关填写部分。

增值税纳税实务

技能训练一 增值税一般纳税人纳税实务

一、知识准备

熟悉和掌握增值税征税范围、税率、纳税期限、纳税地点、增值税专用发票的法律规定和增值税一般纳税人应纳税额的计算、纳税申报表的填写及涉税业务会计处理等知识。

二、训练要求

1. 根据涉税资料计算一般纳税人本期应纳增值税额。
2. 根据涉税资料编制会计分录。
3. 填制增值税一般纳税人纳税申报表及附表。

三、训练资料

(一)企业基本情况

纳税人名称：武汉××酒业有限责任公司　　　登记注册类型：有限责任公司

经营范围：白酒、啤酒、药酒的生产、批发、零售

纳税识别号：42060670688××××　　　　地址：武汉市洪山区××路

账号：151120700920002××××

(二)涉税资料

武汉××酒业有限责任公司 2014 年 10 月发生如下业务(企业本月初无留抵税额及欠缴增值税，本期取得的扣税凭证均通过认证且在本期抵扣)：

1. 10 月 1 日，销售白酒及啤酒，开具增值税专用发票，收到运输部门开具的运输发票。

4200×××××　　　　湖北增值税专用发票　　No　02579348

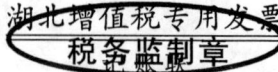
税务监制章

开票日期：2014 年 10 月 1 日

购货单位	名　　　称：南阳××批发公司							密码区	
	纳税人识别号：4107047063××××								
	地　址、电话：南阳市××路 440××××								
	开户行及账号：中国农业银行南阳支行 1639410104001××××								

货物或应税劳务名称	规格型号	单位	数量	单价	金额	税率	税额
瓶装白酒	6 瓶×500ml	箱	1 600	300.00	480 000.00	17%	81 600.00
啤酒	24 瓶×824ml	箱	1 000	50.00	50 000.00	17%	8 500.00
合计					￥530 000.00	17%	￥90 100.00
价税合计（大写）	⊕陆拾贰万零仟壹佰元整				（小写）　￥620 100.00		

销货单位	名　　　称：武汉××酒业有限责任公司	备注
	纳税人识别号：42060670688××××	
	地　址、电话：武汉市洪山区××路 53601800	
	开户行及账号：中国工商银行洪山支行 151120700920002××××	

收款人：　　　　　复核：李娟　　　　开票人：张丽　　　　销货单位：（章）

单位发票专用章

4200×××××　　　货物运输业增值税专用发票　　No　00542007

税务监制章
发票联

承运人及纳税人识别号	武汉市××运输有限公司 42060776741××××		密码区	
实际受票人及纳税人识别号	武汉××酒业有限责任公司 42060670688××××			
收货人及纳税人识别号	南阳××批发公司 ××××	发货人及纳税人识别号	武汉××酒业有限责任公司 42060670688××××	
起运地、经由、达到地				

费用项目及金额	货物名称	数量（重量）	单位运价	计费里程	金额	运输货物信息
	白酒	10 000	0.02	100.00	20 000.00	
	啤酒	1 000	0.02	100.00	2 000.00	

合计金额	￥22 000.00	税率	11%	税额	￥2 420.00	机器编号	
价税合计（大写）⊕贰万肆仟肆佰贰拾元整					小写 ￥24 420.00		

车种车号	鄂 F××××	车船吨位	5 吨	备注
主管税务机关及代码				

收款人：　　　　　复核人：　　　　　开票人：　　　　　承运人：（章）

单位发票专用章

4200×××××　　　　货物运输业增值税专用发票　　No　00542007
税务监制章

承运人及纳税人识别号	武汉市××运输有限公司 42060776741××××	密码区		
实际受票人及纳税人识别号	武汉××酒业有限责任公司 42060670688××××			
收货人及纳税人识别号	南阳××批发公司 ××××	发货人及纳税人识别号	武汉××酒业有限责任公司 42060670688××××
起运地、经由、达到地			

费用项目及金额	货物名称	数量(重量)	单位运价	计费里程	金额	运输货物信息
	白酒	10 000	0.02	100.00	20 000.00	
	啤酒	1 000	0.02	100.00	2 000.00	

| 合计金额 | ￥22 000.00 | 税率 | 11% | 税额 | ￥2 420.00 | 机器编号 | |
| 价税合计(大写)⊕贰万肆仟肆佰贰拾元整 | | | | 小写￥24 420.00 | | | |

| 车种车号 | 鄂F×××× | 车船吨位 | 5吨 | 备注 |
| 主管税务机关及代码 | | | | |

收款人：　　　　复核人：　　　　开票人：　　　　承运人：单位发票专用章

2. 10月3日，购进酒瓶，取得增值税专用发票。

4200×××××　　　　湖北增值税专用发票　　No　02579452
税务监制章
发票联　　　　　　　　　　开票日期：2014年10月3日

购货单位	名　称：武汉××酒业有限责任公司 纳税人识别号：42060670688×××× 地址、电话：武汉市洪山区××路3601800 开户行及账号：中国工商银行洪山支行23612070092000××××	密码区					
货物或应税劳务名称	规格型号	单位	数量	单价	金额	税率	税额
玻璃酒瓶	824ml	支	10 000	0.4	4 000.00	17%	680.00
合　计					￥4 000.00	17%	￥680.00
价税合计(大写)	⊕肆仟陆佰捌拾元整				(小写)￥4 680.00		
销货单位	名　称：武汉××玻璃制品有限公司 纳税人识别号：420606706×××× 地址、电话：武汉市高新技术开发区3102348 开户行及账号：中国建设银行高新区支行26722299801008××××	备注				单位发票专用章	

收款人：　　　　复核：刘童　　　　开票人：胡文　　　　销货单位：(章)

17

4200×××××　　　　湖北增值税专用发票　　No 02579452

税务监制章　　　　　　开票日期：2010 年 10 月 3 日

购货单位	名　　　称：武汉××酒业有限责任公司 纳税人识别号：42060670688××× 地 址、电 话：武汉市洪山区××路 53601800 开户行及账号：中国工商银行洪山支行 236120700920002××××	密码区

货物或应税劳务名称	规格型号	单位	数量	单价	金额	税率	税额
玻璃酒瓶	824ml	支	10 000	0.4	4 000.00	17%	680.00
合　　计					¥4 000.00	17%	¥680.00

价税合计（大写）	⊕肆仟陆佰捌拾元整	（小写）¥4 680.00

销货单位	名　　　称：武汉××玻璃制品有限公司 纳税人识别号：4206067062××× 地 址、电 话：武汉市高新技术开发区 3102348 开户行及账号：中国建设银行高新区支行 26722299801008×××	备注

收款人：　　　　复核：刘童　　　　开票人：胡文　　　单位发票专用章

3. 10 月 4 日，购进酒瓶验收入库。

武汉××酒业有限责任公司材料验收通知单

供应商名称：武汉××玻璃制品有限公司　　验收日期：2014 年 10 月 4 日　入库单号：R-20101001

增值税率	17%	运输费		其他费用		增值税额	680.00	价税合计	4 680.00
订货单号	材料名称	规格	型号	单位	交货数量	实收数量	单价	金额	备注
	酒瓶			支	10 000	10 000	0.4	4 000.00	
合　计								¥4 000.00	

财务部：刘云　　　　品保部：韩兰　　　　验收人：卫凯　　　　制单人：孙晓

4. 10 月 5 日，购进啤酒生产机器设备 2 台，价值 80 000 元，取得增值税专用发票。

3600××××× 　　　　江西增值税专用发票　　No 031202100

税务监制章

开票日期：2014 年 10 月 5 日

购货单位	名　　称：武汉××酒业有限责任公司 纳税人识别号：42060670688××× 地　址、电话：武汉市洪山区××路 53601800 开户行及账号：中国工商银行洪山支行 23612070092000××××	密码区

货物或应税劳务名称	规格型号	单位	数量	单价	金额	税率	税额
啤酒机		台	2	40 000.00	80 000.00	17%	13 600.00
合　　计					￥80 000.00		￥13 600.00

价税合计（大写）	⊕玖万叁仟陆佰元整	（小写）￥93 600.00

销货单位	名　　称：江西××机械设备有限公司 纳税人识别号：36102974852××× 地　址、电话：东乡县××镇 0794-4330206 开户行及账号：中国工商银行东乡县支行 151120700920001×××	备注

收款人：谢亮　　　复核：吴菊　　　　开票人：　吴民　　　　销货单位：（章）

单位发票专用章

3600××××× 　　　　江西增值税专用发票　　No 031202100

税务监制章

抵扣联

开票日期：2014 年 10 月 5 日

购货单位	名　　称：武汉××酒业有限责任公司 纳税人识别号：42060670688××× 地　址、电话：武汉市洪山区××路 53601800 开户行及账号：中国工商银行洪山支行 151120700920002××××	密码区

货物或应税劳务名称	规格型号	单位	数量	单价	金额	税率	税额
啤酒机		台	2	40 000.00	80 000.00	17%	13 600.00
合　　计					￥80 000.00		￥13 600.00

价税合计（大写）	⊕玖万叁仟陆佰元整	（小写）￥93 600.00

销货单位	名　　称：江西××机械设备有限公司 纳税人识别号：36102974852××× 地　址、电话：东乡县××镇 0794-4330206 开户行及账号：中国工商银行东乡县支行 151120700920001×××	备注

收款人：谢亮　　　复核：吴菊　　　　开票人：　吴民　　　　销货单位：（章）

单位发票专用章

5. 10 月 6 日，购进的固定资产验收入库。

武汉××酒业固定资产入库单

供应商名称：江西××机械设备有限公司　　验收日期：2014 年 10 月 6 日　　入库单号：R-20101002

固定资产名称及编号	规格型号	单位	数量	预计使用年限	预计残值	已使用年限	提取折旧方法	原始价值	已提折旧	备注
啤酒机		台	2	10	4 000	0	平均年限法	80 000.00		
固定资产状况	全新									

何时购入	进入方式	入账价值	固定资产管理部门	会计主管
2014.10.4	购进	80 000.00	建档	

财务部：刘云　　　品保部：韩兰　　　验收人：卫凯　　　制单人：孙晓

6. 10 月 8 日，从乐佳农场购进农产品一批，取得农产品销售统一发票，收到运费普通发票，当日验收入库。

湖北省国家税务局农产品销售统一发票（网络版）
税务监制章
发 票 联

发票代码

发票号码

开票日期：　2014 年 10 月 8 日

购方单位：武汉××酒业有限责任公司　　　税号：××

品名	等级	单位	数量	单价	金额	计算抵扣税额
柑橘		吨	2	3 000.00	6 000.00	
谷子		吨	20	2 000.00	40 000.00	

计税金额 46 000.00

扣除率　　0.13

税额　　　5980.00

金额（大写）⊕肆万陆仟元整　　　　　　　　　　　　　　　¥46 000.00

开票单位(未盖章无效)乐佳农场　　　　　　收款人××　　　　　　　　开票人××
单位发票专用章

湖北省国家税务局农产品销售统一发票(网络版)

税务监制章

审 核 联

发票代码

发票号码

开票日期： 2014 年 10 月 8 日

购方单位：武汉××酒业有限责任公司 税号：××

品名	等级	单位	数量	单价	金额	计算抵扣税额
柑橘		吨	2	3 000.00	6 000.00	
谷子		吨	20	2 000.00	40 000.00	

计税金额 46 000.00

扣除率 0.13

税额 5 980.00

金额(大写) ⊕肆万陆仟元整 ￥46 000.00

单位发票专用章

开票单位(未盖章无效) 乐佳农场 收款人×× 开票人××

湖北省国家税务局手工发票

税务监制章

发 票 联

发票代码

发票号码

付款单位 武汉××酒业有限责任公司 2014 年 10 月 8 日

项目内容	千	百	十	元	角	分	备注
运费	2	2	0	0	0	0	
合计人民币 (大写) 贰仟贰佰零拾零元零角零分	2	2	0	0	0	0	

收款单位名称： 单位发票专用章

收款单位税号：

21

武汉××酒业有限责任公司材料验收通知单

供应商名称：乐佳农场　　　　　　　验收日期：2014 年 10 月 8 日　　　　　　入库单号：R-20101003

增值税率		运输费	2 200	其他费用		增值税额	6 134.00	价税合计	48 200.00	
订货单号	材料名称	规格	型号	单位	交货数量	实收数量	单价		金额	备注
	柑橘			吨	2	2	3 000.00		6 200.00	
	谷子			吨	20	20	2 000.00		42 000.00	
合　计									￥48 200.00	

财务部：　　　　　　品保部：　　　　　　　　验收人：　　　　　　　制单人：

7.10 月 8 日，工会领用上述柑橘 1 吨(含运费)用于职工福利。

武汉××酒业有限责任公司内部专设使用(销货)凭证　　No 1005265

使用部门：工会　　　　　　　　　　　　　　　　　　　　　　2014 年 10 月 8 日填发

名　称	规格	单位	数量	单　价	金　额							备注
					十	万	千	百	十	元	角	分
柑橘		吨	1	3 100.00			3	1	0	0	0	0
合计(大写)⊕叁仟壹佰元整							3	1	0	0	0	0
董事长 (签章)	意见：	总经理 (签章)		意见：	财务经理 (签章)			意见：				

部门主管：　　　　　　送货人：　　　　　　　收货人：　　　　　　制单人：

8.10 月 10 日，工会领用自产白酒 120 斤，捐赠给当地组织的博览会，开具普通发票，含税价 7 020 元。

湖北省国家税务局通用机打发票（网络版）

税务监制章

记 账 联

发票代码

发票号码

开票日期：　2014 年 10 月 10 日

行业分类：制造业

购方单位：×××　　　　　　　　　　　　　　　购货方识别号或证件号：×××

品号及规格	货物或劳务名称	单位	数量	单价	金额
	白酒	斤	120	58.50	7 020.00

金额（大写）⊕柒仟零贰拾元整　　　　　　　　　　　　　　¥7 020.00

单位发票专用章

开票单位盖章　　　　　　　　收款人　　　　　　　　开票人

9.10 月 17 日，支付电费 42 120 元，取得增值税专用发票。

4200×××××　　　　　　　湖北增值税制章发票　　　No　05279834

税务监制章

发 票 联　　　　　　　　　　　　开票日期：2014 年 10 月 17 日

购货单位	名　　　称：武汉××酒业有限责任公司 纳税人识别号：42060670688×××× 地 址、电 话：武汉市洪山区××路 53601800 开户行及账号：中国工商银行洪山支行 23612070092000××××	密码区

货物或应税劳务名称	规格型号	单位	数量	单价	金额	税率	税额
电		kW·h	30 000	1.2	36 000.00	17%	6 120.00
合　　计					¥36 000.00		¥6 120.00

价税合计（大写）⊕肆万贰仟壹佰贰拾元整　　　　　　　　（小写）¥42 120.00

销货单位	名　　　称：武汉市供电局 纳税人识别号：××× 地 址、电 话：××× 开户行及账号：×××	备注

收款人：　　　　　　复核：　　　　　　开票人：　　　　　　单位发票专用章

销货单位盖章

4200×××××　　　　　湖北增值税专用发票　　No　05279834
　　　　　　　　　　　　税务监制章
　　　　　　　　　　　　　抵扣联
　　　　　　　　　　　　　　　　　　开票日期：2010 年 10 月 17 日

| 购货单位 | 名　　　　称：武汉××酒业有限责任公司
纳税人识别号：42060670688×××
地 址、电 话：武汉市洪山区××路 53601800
开户行及账号：中国工商银行洪山支行 151120700920002××× | | | | | | 密码区 |

货物或应税劳务名称	规格型号	单位	数量	单价	金额	税率	税额
电		kW·h	30 000	1.2	36 000.00	17%	6 120.00
合　　计					￥36 000.00		￥6 120.00

价税合计(大写) ⊕肆万贰仟壹佰贰拾元整　　　　　　　(小写) ￥42 120.00

| 销货单位 | 名　　　　称：武汉市供电局
纳税人识别号：×××
地 址、电 话：×××
开户行及账号：××× | 备注 |

收款人：　　　　复核：　　　　开票人：　　　　销货单位：(章)　　单位发票专用章

10. 10 月 19 日，销售自己使用过的货车(2009 年后购买)，开具普通发票。

湖北省国家税务局通用机打发票(网络版)
税务监制章
记账联

发票代码
发票号码

开票日期：　2014 年 10 月 19 日　　　　　行业分类：制造业

购方单位：×××　　　　　　　　　　　　购货方识别号或证件号：×××					
品号及规格	货物或劳务名称	单位	数量	单价	金额
	旧货车	辆	1	20 000.00	20 000.00
金额(大写) ⊕贰万元整					￥20 000.00

开票单位盖章　单位发票专用章　　收款人　　　　开票人

11. 10 月 20 日，上月接受东街酒厂的委托生产酒精，原材料由东街酒厂提供，委托加工合同注明价值 40 000 元，本月加工完成，发送委托加工产品并收取加工费 10 000 元。

4200×××××

湖北增值税专用发票

税务监制章

抵扣联

No 02579632

开票日期：2014 年 10 月 20 日

购货单位	名　　称：东街酒厂							密码区	
	纳税人识别号：42060161888××××								
	地址、电话：襄阳市樊城区××路 2605528								
	开户行及账号：中国农业银行樊城分行 45080110001××××								

货物或应税劳务名称	规格型号	单位	数量	单价	金额	税率	税额
加工费		斤	8 000	1.25	10 000.00	17%	1 700.00
合　计							
价税合计（大写）	壹万壹仟柒佰元整					（小写）¥117 000.00	

销货单位	名　　称：武汉××酒业有限责任公司							备注	
	纳税人识别号：42060670688××××								
	地址、电话：武汉市洪山区××路 53601800								
	开户行及账号：中国工商银行洪山支行 151120700920002××××								

收款人：　　　　复核：李娟　　　　开票人：张丽　　　　销货单位（章）

单位发票专用章

12. 10 月 26 日，制作包装纸箱非正常损失的增值税转出报告单。

增值税转出报告单

企业名称：武汉××酒业有限责任公司　　　　　　　　2014 年 10 月 26 日

增值转出所属材料	转出材料金额（元）	转出增值税金额（元）	转出原因	处理意见
包装纸箱	2 000.00	340.00	破损	非人为，作损益处理
合计	2 000.00	340.00		

会计主管：　　　　　　保管员：　　　　　　　　制单：

13. 10 月 30 日，为××店铺设计礼品包装，约定收取设计费 100 000 元，已开具普通发票。

湖北省国家税务~~税务监制制章~~发票(网络版)

记 账 联

发票代码

发票号码

开票日期： 2014 年 10 月 30 日 　　　　行业分类：制造业

购方单位：×××　　　　　　　　　　　　购货方识别号或证件号：×××

品号及规格	货物或劳务名称	单位	数量	单价	金额
	包装设计	批	1	100 000.00	100 000.00

金额(大写)⊕壹拾万元整　　　　　　　　　　　　　¥100 000.00

开票人　　　　　　　开票单位~~单位发票专用章~~　　收款人

(三) 训练操作表格

增值税纳税申报表

(一般纳税人适用)

　　根据国家税收法律法规及增值税相关规定制定本表，纳税人不论有无销售额，均应按主管税务机关核定的纳税期限按期填报本表，并向当地税务机关申报。

税款所属时间：自　　年　　月　　日至　　年　　月　　日　　　　填表日期：　　年　　月　　日

金额单位：元至角分

纳税人识别号											所属行业：	
纳税人名称	(公章)		法定代表人姓名			注册地址			生产经营地址		
开户银行及账号				登记注册类型				电话号码			

	项目	栏次	一般货物、劳务和应税服务		即征即退货物、劳务和应税服务	
			本月数	本年累计	本月数	本年累计
销售额	(一)按适用税率计税销售额	1				
	其中：应税货物销售额	2				
	应税劳务销售额	3				
	纳税检查调整的销售额	4				
	(二)按简易征收办法计税销售额	5				
	其中：纳税检查调整的销售额	6				

	（三）免、抵、退办法出口销售额	7			—	—
	（四）免税销售额	8				
	其中：免税货物销售额	9				
	免税劳务销售额	10				
税款计算	销项税额	11				
	进项税额	12				
	上期留抵税额	13		—		—
	进项税额转出	14				
	免、抵、退应退税额	15			—	—
	按适用税率计算的纳税检查应补缴税额	16				
	应抵扣税额合计	17＝12+13 −14− 15+16		—		
	实际抵扣税额	18（如17＜ 11，则为 17，否则 为11）				
	应纳税额	19＝11−18				
	期末留抵税额	20＝17−18		—		—
	简易计税办法计算的应纳税额	21				
	按简易计税办法计算的纳税检查应补缴税额	22			—	—
	应纳税额减征额	23				
	应纳税额合计	24＝19+21 −23				
	期初未缴税额（多缴为负数）	25				
	实收出口开具专用缴款书退税额	26			—	—
	本期已缴税额	27＝28+29 +30 +31				

续表

税款缴纳	①分次预缴税额	28		—	—
	②出口开具专用缴款书预缴税额	29		—	—
	③本期缴纳上期应纳税额	30			
	④本期缴纳欠缴税额	31			
	期末未缴税额(多缴为负数)	32＝24＋25＋26－27			
	其中:欠缴税额(≥0)	33＝25＋26－27		—	—
	本期应补(退)税额	34＝24－28－29		—	—
	即征即退实际退税额	35	—		
	期初未缴查补税额	36		—	—
	本期入库查补税额	37			
	期末未缴查补税额	38＝16＋22＋36－37		—	—

授权声明	如果你已委托代理人申报,请填写以下资料:
	
	为代理一切税务事宜,现授权
	
	(地址) 为本纳税人的代理申报人,任何与本申报表有关的往来文件,都可寄予此人。
	
	      授权人签字:
		申报人声明	此纳税申报表是根据《中华人民共和国增值税暂行条例》的规定填报的,我相信它是真实的、可靠的、完整的。
			
			      声明人签字:

主管税务机关: 接收人: 接收日期:

《增值税纳税申报表(一般纳税人适用)》及其附列资料填表说明

本纳税申报表及其附列资料填写说明(以下简称本表及填写说明)适用于增值税一般纳税人(以下简称纳税人)。

一、名词解释

(一)本表及填写说明所称"应税货物",是指增值税的应税货物。

（二）本表及填写说明所称"应税劳务"，是指增值税的应税加工、修理、修配劳务。

（三）本表及填写说明所称"应税服务"，是指营业税改征增值税的应税服务。

（四）本表及填写说明所称"按适用税率计税"、"按适用税率计算"和"一般计税方法"，均指按"应纳税额=当期销项税额-当期进项税额"公式计算增值税应纳税额的计税方法。

（五）本表及填写说明所称"按简易办法计税"、"按简易征收办法计算"和"简易计税方法"，均指按"应纳税额=销售额×征收率"公式计算增值税应纳税额的计税方法。

（六）本表及填写说明所称"应税服务扣除项目"，是指纳税人提供应税服务，在确定应税服务销售额时，按照有关规定允许其从取得的全部价款和价外费用中扣除价款的项目。

（七）本表及填写说明所称"税控增值税专用发票"，包括以下3种：

1. 增值税防伪税控系统开具的防伪税控"增值税专用发票"；

2. 货物运输业增值税专用发票税控系统开具的"货物运输业增值税专用发票"；

3. 机动车销售统一发票税控系统开具的税控"机动车销售统一发票"。

二、《增值税纳税申报表（一般纳税人适用）》填写说明

（一）"税款所属时间"：指纳税人申报的增值税应纳税额的所属时间，应填写具体的起止年、月、日。

（二）"填表日期"：指纳税人填写本表的具体日期。

（三）"纳税人识别号"：填写纳税人的税务登记证号码。

（四）"所属行业"：按照国民经济行业分类与代码中的小类行业填写。

（五）"纳税人名称"：填写纳税人单位名称全称。

（六）"法定代表人姓名"：填写纳税人法定代表人的姓名。

（七）"注册地址"：填写纳税人税务登记证所注明的详细地址。

（八）"生产经营地址"：填写纳税人实际生产经营地的详细地址。

（九）"开户银行及账号"：填写纳税人开户银行的名称和纳税人在该银行的结算账户号码。

（十）"登记注册类型"：按纳税人税务登记证的栏目内容填写。

（十一）"电话号码"：填写可联系到纳税人的常用电话号码。

（十二）"即征即退货物、劳务和应税服务"列：填写纳税人按规定享受增值税即征即退政策的货物、劳务和应税服务的征（退）税数据。

（十三）"一般货物、劳务和应税服务"列：填写除享受增值税即征即退政策以外的货物、劳务和应税服务的征（免）税数据。

（十四）"本年累计"列：一般填写本年度内各月"本月数"之和。其中，第13、20、25、32、36、38栏及第18栏"实际抵扣税额""一般货物、劳务和应税服务"列的"本年累计"分别按本填写说明第（二十七）、（三十四）、（三十九）、（四十六）、（五十）、（五十二）、（三十二）条要求填写。

（十五）第1栏"（一）按适用税率计税销售额"：填写纳税人本期按一般计税方法计算缴纳增值税的销售额，包含：在财务上不作销售但按税法规定应缴纳增值税的视同销售和价外费用的销售额；外贸企业作价销售进料加工复出口货物的销售额；税务、财政、审计部门检查后按一般计税方法计算调整的销售额。

营业税改征增值税的纳税人，应税服务有扣除项目的，本栏应填写扣除之前的不含税销售额。

本栏"一般货物、劳务和应税服务"列"本月数"=《附列资料（一）》第9列第1至5行之和-第9列第6、7行之和；本栏"即征即退货物、劳务和应税服务"列"本月数"=《附列资料（一）》第9列第6、7行之和。

（十六）第2栏"其中：应税货物销售额"：填写纳税人本期按适用税率计算增值税的应税货物的销售

额。包含在财务上不作销售但按税法规定应缴纳增值税的视同销售货物和价外费用销售额以及外贸企业作价销售进料加工复出口货物的销售额。

（十七）第 3 栏"应税劳务销售额"：填写纳税人本期按适用税率计算增值税的应税劳务的销售额。

（十八）第 4 栏"纳税检查调整的销售额"：填写纳税人因税务、财政、审计部门检查，并按一般计税方法在本期计算调整的销售额。但享受增值税即征即退政策的货物、劳务和应税服务，经纳税检查发现偷税的，不填入"即征即退货物、劳务和应税服务"列，而应填入"一般货物、劳务和应税服务"列。

营业税改征增值税的纳税人，应税服务有扣除项目的，本栏应填写扣除之前的不含税销售额。

本栏"一般货物、劳务和应税服务"列"本月数"=《附列资料（一）》第 7 列第 1 至 5 行之和。

（十九）第 5 栏"按简易办法计税销售额"：填写纳税人本期按简易计税方法计算增值税的销售额。包含纳税检查调整按简易计税方法计算增值税的销售额。

营业税改征增值税的纳税人，应税服务有扣除项目的，本栏应填写扣除之前的不含税销售额；应税服务按规定汇总计算缴纳增值税的分支机构，其当期按预征率计算缴纳增值税的销售额也填入本栏。

本栏"一般货物、劳务和应税服务"列"本月数"≥《附列资料（一）》第 9 列第 8 至 13 行之和－第 9 列第 14、15 行之和；本栏"即征即退货物、劳务和应税服务"列"本月数"≥《附列资料（一）》第 9 列第 14、15 行之和。

（二十）第 6 栏"其中：纳税检查调整的销售额"：填写纳税人因税务、财政、审计部门检查，并按简易计税方法在本期计算调整的销售额。但享受增值税即征即退政策的货物、劳务和应税服务，经纳税检查发现偷税的，不填入"即征即退货物、劳务和应税服务"列，而应填入"一般货物、劳务和应税服务"列。

营业税改征增值税的纳税人，应税服务有扣除项目的，本栏应填写扣除之前的不含税销售额。

（二十一）第 7 栏"免、抵、退办法出口销售额"：填写纳税人本期适用免、抵、退税办法的出口货物、劳务和应税服务的销售额。

营业税改征增值税的纳税人，应税服务有扣除项目的，本栏应填写扣除之前的销售额。

本栏"一般货物、劳务和应税服务"列"本月数"=《附列资料（一）》第 9 列第 16、17 行之和。

（二十二）第 8 栏"免税销售额"：填写纳税人本期按照税法规定免征增值税的销售额和适用零税率的销售额，但零税率的销售额中不包括适用免、抵、退税办法的销售额。

营业税改征增值税的纳税人，应税服务有扣除项目的，本栏应填写扣除之前的免税销售额。

本栏"一般货物、劳务和应税服务"列"本月数"=《附列资料（一）》第 9 列第 18、19 行之和。

（二十三）第 9 栏"其中：免税货物销售额"：填写纳税人本期按照税法规定免征增值税的货物销售额及适用零税率的货物销售额，但零税率的销售额中不包括适用免、抵、退税办法出口货物的销售额。

（二十四）第 10 栏"免税劳务销售额"：填写纳税人本期按照税法规定免征增值税的劳务销售额及适用零税率的劳务销售额，但零税率的销售额中不包括适用免、抵、退税办法的劳务的销售额。

（二十五）第 11 栏"销项税额"：填写纳税人本期按一般计税方法计税的货物、劳务和应税服务的销项税额。

营业税改征增值税的纳税人，应税服务有扣除项目的，本栏应填写扣除之后的销项税额。

本栏"一般货物、劳务和应税服务"列"本月数"=《附列资料（一）》(第 10 列第 1、3 行之和－第 10 列第 6 行)+(第 14 列第 2、4、5 行之和－第 14 列第 7 行)；

本栏"即征即退货物、劳务和应税服务"列"本月数"=《附列资料（一）》第 10 列第 6 行+第 14 列第 7 行。

（二十六）第 12 栏"进项税额"：填写纳税人本期申报抵扣的进项税额。

本栏"一般货物、劳务和应税服务"列"本月数"+"即征即退货物、劳务和应税服务"列"本月数"=

《附列资料(二)》第12栏"税额"。

(二十七)第13栏"上期留抵税额"

1. 上期留抵税额按规定须挂账的纳税人,按以下要求填写本栏的"本月数"和"本年累计"。

上期留抵税额按规定须挂账的纳税人是指试点实施之日前一个税款所属期的申报表第20栏"期末留抵税额""一般货物及劳务"列"本月数"大于零,且兼有营业税改征增值税应税服务的纳税人(下同)。其试点实施之日前一个税款所属期的申报表第20栏"期末留抵税额""一般货物及劳务"列"本月数",以下称为货物和劳务挂账留抵税额。

(1)本栏"一般货物、劳务和应税服务"列"本月数":试点实施之日的税款所属期填写"0";以后各期按上期申报表第20栏"期末留抵税额""一般货物、劳务和应税服务"列"本月数"填写。

(2)本栏"一般货物、劳务和应税服务"列"本年累计":反映货物和劳务挂账留抵税额本期期初余额。试点实施之日的税款所属期按试点实施之日前一个税款所属期的申报表第20栏"期末留抵税额""一般货物及劳务"列"本月数"填写;以后各期按上期申报表第20栏"期末留抵税额""一般货物、劳务和应税服务"列"本年累计"填写。

(3)本栏"即征即退货物、劳务和应税服务"列"本月数":按上期申报表第20栏"期末留抵税额""即征即退货物、劳务和应税服务"列"本月数"填写。

2. 其他纳税人,按以下要求填写本栏"本月数"和"本年累计"。

其他纳税人是指除上期留抵税额按规定须挂账的纳税人之外的纳税人(下同)。

(1)本栏"一般货物、劳务和应税服务"列"本月数":按上期申报表第20栏"期末留抵税额""一般货物、劳务和应税服务"列"本月数"填写。

(2)本栏"一般货物、劳务和应税服务"列"本年累计":填写"0"。

(3)本栏"即征即退货物、劳务和应税服务"列"本月数":按上期申报表第20栏"期末留抵税额""即征即退货物、劳务和应税服务"列"本月数"填写。

(二十八)第14栏"进项税额转出":填写纳税人已经抵扣,但按税法规定本期应转出的进项税额。

本栏"一般货物、劳务和应税服务"列"本月数"+"即征即退货物、劳务和应税服务"列"本月数"=《附列资料(二)》第13栏"税额"。

(二十九)第15栏"免、抵、退应退税额":反映税务机关退税部门按照出口货物、劳务和应税服务免、抵、退办法审批的增值税应退税额。

(三十)第16栏"按适用税率计算的纳税检查应补缴税额":填写税务、财政、审计部门检查,按一般计税方法计算的纳税检查应补缴的增值税额。

本栏"一般货物、劳务和应税服务"列"本月数"≤《附列资料(一)》第8列第1至5行之和+《附列资料(二)》第19栏。

(三十一)第17栏"应抵扣税额合计":填写纳税人本期应抵扣进项税额的合计数。按表中所列公式计算填写。

(三十二)第18栏"实际抵扣税额"

1. 上期留抵税额按规定须挂账的纳税人,按以下要求填写本栏的"本月数"和"本年累计"。

(1)本栏"一般货物、劳务和应税服务"列"本月数":按表中所列公式计算填写。

(2)本栏"一般货物、劳务和应税服务"列"本年累计":填写货物和劳务挂账留抵税额本期实际抵减一般货物和劳务应纳税额的数额。将"货物和劳务挂账留抵税额本期期初余额"与"一般计税方法的一般货物及劳务应纳税额"两个数据相比较,取二者中小的数据。

其中:货物和劳务挂账留抵税额本期期初余额=第13栏"上期留抵税额""一般货物、劳务和应税服务"列"本年累计";

一般计税方法的一般货物及劳务应纳税额=(第11栏"销项税额""一般货物、劳务和应税服务"列"本月数"-第18栏"实际抵扣税额""一般货物、劳务和应税服务"列"本月数")×一般货物及劳务销项税额比例;

一般货物及劳务销项税额比例=(《附列资料(一)》第10列第1、3行之和-第10列第6行)÷第11栏"销项税额""一般货物、劳务和应税服务"列"本月数"×100%。

(3)本栏"即征即退货物、劳务和应税服务"列"本月数":按表中所列公式计算填写。

2. 其他纳税人,按以下要求填写本栏的"本月数"和"本年累计":

(1)本栏"一般货物、劳务和应税服务"列"本月数":按表中所列公式计算填写。

(2)本栏"一般货物、劳务和应税服务"列"本年累计":填写"0"。

(3)本栏"即征即退货物、劳务和应税服务"列"本月数":按表中所列公式计算填写。

(三十三)第19栏"应纳税额":反映纳税人本期按一般计税方法计算并应缴纳的增值税额。按以下公式计算填写:

1. 本栏"一般货物、劳务和应税服务"列"本月数"=第11栏"销项税额""一般货物、劳务和应税服务"列"本月数"-第18栏"实际抵扣税额""一般货物、劳务和应税服务"列"本月数"-第18栏"实际抵扣税额""一般货物、劳务和应税服务"列"本年累计"。

2. 本栏"即征即退货物、劳务和应税服务"列"本月数"=第11栏"销项税额""即征即退货物、劳务和应税服务"列"本月数"-第18栏"实际抵扣税额""即征即退货物、劳务和应税服务"列"本月数"。

(三十四)第20栏"期末留抵税额"

1. 上期留抵税额按规定须挂账的纳税人,按以下要求填写本栏的"本月数"和"本年累计":

(1)本栏"一般货物、劳务和应税服务"列"本月数":反映试点实施以后,一般货物、劳务和应税服务共同形成的留抵税额。按表中所列公式计算填写。

(2)本栏"一般货物、劳务和应税服务"列"本年累计":反映货物和劳务挂账留抵税额,在试点实施以后抵减一般货物和劳务应纳税额后的余额。按以下公式计算填写:

本栏"一般货物、劳务和应税服务"列"本年累计"=第13栏"上期留抵税额""一般货物、劳务和应税服务"列"本年累计"-第18栏"实际抵扣税额""一般货物、劳务和应税服务"列"本年累计"。

(3)本栏"即征即退货物、劳务和应税服务"列"本月数":按表中所列公式计算填写。

2. 其他纳税人,按以下要求填写本栏"本月数"和"本年累计":

(1)本栏"一般货物、劳务和应税服务"列"本月数":按表中所列公式计算填写。

(2)本栏"一般货物、劳务和应税服务"列"本年累计":填写"0"。

(3)本栏"即征即退货物、劳务和应税服务"列"本月数":按表中所列公式计算填写。

(三十五)第21栏"简易计税办法计算的应纳税额":反映纳税人本期按简易计税方法计算并应缴纳的增值税额,但不包括按简易计税方法计算的纳税检查应补缴税额。按以下公式计算填写:

本栏"一般货物、劳务和应税服务"列"本月数"=《附列资料(一)》(第10列第8至11行之和-第10列第14行)+(第14列第12行至13行之和-第14列第15行)

本栏"即征即退货物、劳务和应税服务"列"本月数"=《附列资料(一)》第10列第14行+第14列第15行

营业税改征增值税的纳税人,应税服务按规定汇总计算缴纳增值税的分支机构,应将预征增值税额填入本栏。预征增值税额=应预征增值税的销售额×预征率。

(三十六)第22栏"按简易计税办法计算的纳税检查应补缴税额":填写纳税人本期因税务、财政、审计部门检查并按简易计税方法计算的纳税检查应补缴税额。

(三十七)第23栏"应纳税额减征额":填写纳税人本期按照税法规定减征的增值税应纳税额。包含

按照规定可在增值税应纳税额中全额抵减的增值税税控系统专用设备费用以及技术维护费。

当本期减征额小于或等于第 19 栏"应纳税额"与第 21 栏"简易计税办法计算的应纳税额"之和时，按本期减征额实际填写；当本期减征额大于第 19 栏"应纳税额"与第 21 栏"简易计税办法计算的应纳税额"之和时，按本期第 19 栏与第 21 栏之和填写。本期减征额不足抵减部分结转下期继续抵减。

（三十八）第 24 栏"应纳税额合计"：反映纳税人本期应缴增值税的合计数。按表中所列公式计算填写。

（三十九）第 25 栏"期初未缴税额（多缴为负数）"："本月数"按上一税款所属期申报表第 32 栏"期末未缴税额（多缴为负数）""本月数"填写。"本年累计"按上年度最后一个税款所属期申报表第 32 栏"期末未缴税额（多缴为负数）""本年累计"填写。

（四十）第 26 栏"实收出口开具专用缴款书退税额"：本栏不填写。

（四十一）第 27 栏"本期已缴税额"：反映纳税人本期实际缴纳的增值税额，但不包括本期入库的查补税款。按表中所列公式计算填写。

（四十二）第 28 栏"①分次预缴税额"：填写纳税人本期已缴纳的准予在本期增值税应纳税额中抵减的税额。

营业税改征增值税的纳税人，应税服务按规定汇总计算缴纳增值税的总机构，其可以从本期增值税应纳税额中抵减的分支机构已缴纳的税款，按当期实际可抵减数填入本栏，不足抵减部分结转下期继续抵减。

（四十三）第 29 栏"②出口开具专用缴款书预缴税额"：本栏不填写。

（四十四）第 30 栏"③本期缴纳上期应纳税额"：填写纳税人本期缴纳上一税款所属期应缴未缴的增值税额。

（四十五）第 31 栏"④本期缴纳欠缴税额"：反映纳税人本期实际缴纳和留抵税额抵减的增值税欠税额，但不包括缴纳入库的查补增值税额。

（四十六）第 32 栏"期末未缴税额（多缴为负数）"："本月数"反映纳税人本期期末应缴未缴的增值税额，但不包括纳税检查应缴未缴的税款。按表中所列公式计算填写。"本年累计"与"本月数"相同。

（四十七）第 33 栏"其中：欠缴税额（≥0）"：反映纳税人按照税法规定已形成欠税的增值税额。按表中所列公式计算填写。

（四十八）第 34 栏"本期应补（退）税额"：反映纳税人本期应纳税额中应补缴或应退回的数额。按表中所列公式计算填写。

（四十九）第 35 栏"即征即退实际退税额"：反映纳税人本期因符合增值税即征即退政策规定，而实际收到的税务机关退回的增值税额。

（五十）第 36 栏"期初未缴查补税额"："本月数"按上一税款所属期申报表第 38 栏"期末未缴查补税额""本月数"填写。"本年累计"按上年度最后一个税款所属期申报表第 38 栏"期末未缴查补税额""本年累计"填写。

（五十一）第 37 栏"本期入库查补税额"：反映纳税人本期因税务、财政、审计部门检查而实际入库的增值税额，包括按一般计税方法计算并实际缴纳的查补增值税额和按简易计税方法计算并实际缴纳的查补增值税额。

（五十二）第 38 栏"期末未缴查补税额"："本月数"反映纳税人接受纳税检查后应在本期期末缴纳而未缴纳的查补增值税额。按表中所列公式计算填写，"本年累计"与"本月数"相同。

增值税纳税申报表附列资料（一）

（本期销售情况明细）

纳税人名称：（公章）

税款所属时间： 年 月 日 至 年 月 日

金额单位：元至角分

项目及栏次		开具税控增值税专用发票		开具其他发票		未开具发票		纳税检查调整		合计		价税合计	应税服务扣除项目本期实际扣除金额	扣除后	
		销售额	销项（应纳）税额	销售额	销项（应纳）税额	销售额	销项（应纳）税额	销售额	销项（应纳）税额	销售额	销项（应纳）税额			含税（免税）销售额	销项（应纳）税额
		1	2	3	4	5	6	7	8	9=1+3+5+7	10=2+4+6+8	11=9+10	12	13=11−12	14＝13÷（100%＋税率或征收率）×税率或征收率
一、一般计税方法计税　全部征税项目	17%税率的货物及加工修理修配劳务	1													
	17%税率的有形动产租赁服务	2													
	13%税率	3												—	—
	11%税率	4												—	—
	6%税率	5												—	—
其中：即征即退项目	即征即退货物及加工修理修配劳务	6		—	—	—	—					—	—	—	—
	即征即退应税服务	7		—	—	—	—					—	—	—	—
二、简易计税方法计税　全部征税项目	6%征收率	8										—	—	—	—
	5%征收率	9										—	—	—	—
	4%征收率	10										—	—	—	—
	3%征收率的货物及加工修理修配劳务	11										—	—	—	—

续表

全部征税项目	3%征收率的应税服务	12	—	—	—	—	—
	预征率 %	13a	—	—	—	—	—
	预征率 %	13b	—	—	—	—	—
	预征率 %	13c	—	—	—	—	—
其中：即征即退项目	即征即退货物及加工修理修配劳务	14	—	—	—	—	—
	即征即退应税服务	15	—	—	—	—	—
三、免抵退税	货物及加工修理修配劳务	16	—	—	—	—	—
	应税服务	17	—	—	—	—	—
四、免税	货物及加工修理修配劳务	18	—	—	—	—	—
	应税服务	19	—	—	—	—	—

《增值税纳税申报表附列资料（一）》（本期销售情况明细）填写说明

（一）"税款所属时间"、"纳税人名称"的填写同主表。

（二）各列说明

1. 第1至2列"开具税控增值税专用发票"：反映本期开具防伪税控"增值税专用发票"、"货物运输业增值税专用发票"和税控"机动车销售统一发票"的情况。

2. 第3至4列"开具其他发票"：反映除上述三种发票以外本期开具的其他发票的情况。

3. 第5至6列"未开具发票"：反映本期未开具发票的销售情况。

4. 第7至8列"纳税检查调整"：反映经税务、财政、审计部门检查并在本期调整的销售情况。

5. 第9至11列"合计"：按照表中所列公式填写。

6. 第12列"应税改征增值税不征税销售额"：营业税改征增值税的纳税人，应税服务有扣除项目的，第1至11列应填写扣除项目之前的征（免）税销售额、销项（应纳）税额和价税合计额。营业税改征增值税的纳税人，当期应税服务按规定汇总计算缴纳增值税的分支机构，填写应税服务无扣除项目的，本列填写"0"。其他纳税人不填写；应税服务改征增值税的纳税人，应税服务有扣除项目的，按《附列资料（三）》第5列对应各行次数据填入本列第13行。

7. 第13列"扣除后""含税(免税)销售额":营业税改征增值税的纳税人,应税服务有扣除项目的,本列各行次=第11列对应行次-第12列对应各行次。其他纳税人不填写。

8. 第14列"扣除后""销项(应纳)税额":营业税改征增值税的纳税人,应税服务有扣除项目的,按以下要求填写本列,其他纳税人不填写。

(1)应税服务按照一般计税方法计税

本列各行次=第13列÷(100%+对应行次税率)×对应行次税率

本列第7行"按一般计税方法计税的即征即退应税服务"不按本列的说明填写。具体填写要求见"各行说明""第2条第(2)项第③点的说明。

(2)应税服务按简易计税方法计税

本列各行次=第13列÷(100%+对应行次征收率)×对应行次征收率

本列第13行"项征收率%"不按本列的说明填写的,本列不填写。具体填写要求见"各行说明""第4条第(2)项。

(3)应税服务实行免抵退税或免税的,本列不填写。

(三)各行说明

1. 第1至5行"一、一般计税方法计税""全部征税项目"各行:按不同税率和项目分别填写按一般计税方法计算增值税的全部征税项目。有即征即退征税项目的纳税人,本部分数据中既包括即征即退政策的一般征税项目,又包括不享受即征即退政策的一般征税项目。

2. 第6至7行"一、一般计税方法计税""即征即退项目"各行:只反映按一般计税方法计算增值税的即征即退项目的其中数。即征即退项目是全部征税项目的其中数。即征即退货物及加工修理修配劳务,不写本行。

(1)第6行"即征即退货物及加工修理修配劳务":反映按一般计税方法计算增值税且享受即征即退政策的货物及加工修理修配劳务的不含税销售额。本行不包括应按照增值税一般计税方法计算增值税的即征即退政策的货物和加工修理修配劳务的应税服务。本行不包括应税服务。

①本行第9列"销售额"栏:反映按一般计税方法计算增值税且享受即征即退政策的货物及加工修理修配劳务的不含税销售额。该栏不按第9列所列公式计算,应按照税法规定填写。

②本行第10列"销项(应纳)税额"栏:反映按一般计税方法计算增值税且享受即征即退政策的货物及加工修理修配劳务的销项税额。该栏不按第10列所列公式计算,应按照税法规定填写。

(2)第7行"即征即退应税服务":反映按一般计税方法计算增值税且享受即征即退政策的应税服务。本行不包括货物及加工修理修配劳务的内容。应税服务有扣除项目的,按扣除之前的不含税销售额填写。

①本行第9列"销售额"栏:反映按一般计税方法计算增值税且享受即征即退政策的应税服务扣除之前的销售额。该栏不按第9列所列公式计算,应按照税法规定填写。

②本行第10列"销项(应纳)税额"栏:反映按一般计税方法计算增值税且享受即征即退政策的应税服务实际应计提的销项税额。该栏不按第10列所列公式填写,应按照税法规定填写。应税服务有扣除项目的,应按扣除之前的销项税额填写。

③本行第14列"扣除后"的销项税额填写。应税服务无扣除项目的,该栏不按第14列所列公式计算,应税服务有扣除项目的,按扣除之后的销项税额填写。应按照税法规定据实填写。

3. 第 8 至 12 行"二、简易计税方法计税""全部征税项目"各行：按不同征收率和项目分别填写按简易计税方法计算增值税的全部征税项目。有即征即退征税项目的纳税人,本部分数据中既包括即征即退征税项目,也包括不享受即征即退政策的一般征税项目。

4. 第 13 行"二、简易计税方法计税""预征率 %"：反映营业税改征增值税的纳税人,应税服务按规定汇总计算缴纳增值税的分支机构预征增值税销售额、预征增值税应纳税额。其中,第 13a 行"预征率%"适用于所有实行汇总计算缴纳增值税的分支机构;第 13b、13c 行"预征率%"适用于部分实行汇总计算缴纳增值税的铁路运输纳税人。

(1)本行第 1 至 6 列销售额和销项税额按项目的实际发生数填写。

(2)本行第 14 列,纳税人按"应纳税额=应征增值税的增值税销售额×预征率"公式计算后据实填写。

5. 第 14 至 15 行"二、简易计税方法计税""其中:即征即退项目"各行:只反映按简易计税方法计算缴纳增值税的即征即退项目。按照税法规定不享受即征即退政策的,本行不填写。

(1)第 14 行"即征即退货物及加工修理修配劳务":反映按简易计税方法计算增值税且享受即征即退政策的货物及加工修理修配劳务的内容。

① 本行第 9 列"销售额"栏:反映按简易计税方法计算增值税且享受即征即退政策的货物及加工修理修配劳务的不含税销售额。该栏不按第 9 列所列公式计算,应按照税法规定据实填写。

② 本行第 10 列"合计""销项(应纳)税额"栏:反映按简易计税方法计算增值税且享受即征即退政策的货物及加工修理修配劳务的应纳税额。该栏不按第 10 列所列公式计算,应按照税法规定据实填写。

(2)第 15 行"即征即退应税服务":反映按简易计税方法计算增值税且享受即征即退政策的应税服务的内容。本行不包括货物及加工修理修配劳务。

① 本行第 9 列"销售额"栏:反映按简易计税方法计算增值税且享受即征即退政策的应税服务的不含税销售额。该栏不按第 9 列所列公式计算,应按照税法规定据实填写。

② 本行第 10 列"合计""销项(应纳)税额"栏:反映按简易计税方法计算增值税且享受即征即退政策的应税服务实际计提的应纳税额。本行按第 10 列所列公式计算。

③ 本行第 14 列"扣除之后""销项(应纳)税额"栏:反映按简易计税方法计算,应税服务无扣除项目的,按本行第 10 列计算的应纳税额填写;应税服务有扣除项目的,按扣除之前的应纳税额填写。

6. 第 16 行"三、免抵退税""货物及加工修理修配劳务":反映适用免、抵、退税政策的出口货物、加工修理修配劳务。

7. 第 17 行"三、免抵退税""应税服务":反映适用免、抵、退税政策的应税服务。

8. 第 18 行"四、免税""货物及加工修理修配劳务":反映按照税法规定免征增值税的货物、加工修理修配劳务和适用零税率的出口货物及劳务和适用零税率的应税服务,但零税率的销售额中不包括适用免、抵、退税办法出口的货物、加工修理修配劳务及适用零税率的应税服务。

9. 第 19 行"四、免税""应税服务":反映按照税法办法的应税服务。

增值税纳税申报表附列资料(二)

(本期进项税额明细)

税款所属时间: 年 月 日至 年 月 日

纳税人名称:(公章)   金额单位:元至角分

一、申报抵扣的进项税额				
项 目	栏次	份数	金额	税额
(一)认证相符的税控增值税专用发票	1 = 2+3			
其中:本期认证相符且本期申报抵扣	2			
前期认证相符且本期申报抵扣	3			
(二)其他扣税凭证	4 = 5+6+7+8			
其中:海关进口增值税专用缴款书	5			
农产品收购发票或者销售发票	6			
代扣代缴税收缴款凭证	7		—	
运输费用结算单据	8			
	9	—	—	—
	10	—	—	—
(三)外贸企业进项税额抵扣证明	11	—	—	
当期申报抵扣进项税额合计	12 = 1+4+11			
二、进项税额转出额				
项 目	栏次	税 额		
本期进项税转出额	13 = 14 至 23 之和			
其中:免税项目用	14			
非应税项目用、集体福利、个人消费	15			
非正常损失	16			
简易计税方法征税项目用	17			
免抵退税办法不得抵扣的进项税额	18			
纳税检查调减进项税额	19			
红字专用发票通知单注明的进项税额	20			
上期留抵税额抵减欠税	21			
上期留抵税额退税	22			
其他应作进项税额转出的情形	23			

续表

三、待抵扣进项税额				
项　　目	栏次	份数	金额	税额
（一）认证相符的税控增值税专用发票	24	—	—	—
期初已认证相符但未申报抵扣	25			
本期认证相符且本期未申报抵扣	26			
期末已认证相符但未申报抵扣	27			
其中：按照税法规定不允许抵扣	28			
（二）其他扣税凭证	29＝30至33之和			
其中：海关进口增值税专用缴款书	30			
农产品收购发票或者销售发票	31			
代扣代缴税收缴款凭证	32		—	
运输费用结算单据	33			
	34			
四、其他				
项　　目	栏次	份数	金额	税额
本期认证相符的税控增值税专用发票	35			
代扣代缴税额	36	—	—	

《增值税纳税申报表附列资料（二）》（本期进项税额明细）填写说明

（一）"税款所属时间"、"纳税人名称"的填写同主表。

（二）第1至12栏"一、申报抵扣的进项税额"：分别反映纳税人按税法规定符合抵扣条件，在本期申报抵扣的进项税额。

1. 第1栏"（一）认证相符的税控增值税专用发票"：反映纳税人取得的认证相符本期申报抵扣的防伪税控"增值税专用发票"、"货物运输业增值税专用发票"和税控"机动车销售统一发票"的情况。该栏应等于第2栏"本期认证相符且本期申报抵扣"与第3栏"前期认证相符且本期申报抵扣"数据之和。

2. 第2栏"其中：本期认证相符且本期申报抵扣"：反映本期认证相符且本期申报抵扣的防伪税控"增值税专用发票"、"货物运输业增值税专用发票"和税控"机动车销售统一发票"的情况。本栏是第1栏的其中数，本栏只填写本期认证相符且本期申报抵扣的部分。

3. 第3栏"前期认证相符且本期申报抵扣"：反映前期认证相符且本期申报抵扣的防伪税控"增值税专用发票"、"货物运输业增值税专用发票"和税控"机动车销售统一发票"的情况。辅导期纳税人依据税务机关告知的稽核比对结果通知书及明细清单注明的稽核相符的税控增值税专用发票填写本栏。本栏是第1栏的其中数，只填写前期认证相符且本期申报抵扣的部分。

4. 第4栏"（二）其他扣税凭证"：反映本期申报抵扣的除税控增值税专用发票之外的其他扣税凭证的情况。具体包括：海关进口增值税专用缴款书、农产品收购发票或者销售发票（含农产品核定扣除的进项税额）、代扣代缴税收缴款凭证和运输费用结算单据。该栏应等于第5至8栏之和。

5. 第5栏"海关进口增值税专用缴款书"：反映本期申报抵扣的海关进口增值税专用缴款书的情况。

按规定执行海关进口增值税专用缴款书先比对后抵扣的，纳税人需依据税务机关告知的稽核比对结果通知书及明细清单注明的稽核相符的海关进口增值税专用缴款书填写本栏。

6. 第6栏"农产品收购发票或者销售发票"：反映本期申报抵扣的农产品收购发票和农产品销售普通发票的情况。执行农产品增值税进项税额核定扣除办法的，填写当期允许抵扣的农产品增值税进项税额，不填写"份数"、"金额"。

7. 第7栏"代扣代缴税收缴款凭证"：填写本期按规定准予抵扣的中华人民共和国税收缴款凭证上注明的增值税额。

8. 第8栏"运输费用结算单据"：反映按规定本期可以申报抵扣的交通运输费用结算单据的情况。

9. 第11栏"（三）外贸企业进项税额抵扣证明"：填写本期申报抵扣的税务机关出口退税部门开具的《出口货物转内销证明》列明允许抵扣的进项税额。

10. 第12栏"当期申报抵扣进项税额合计"：反映本期申报抵扣进项税额的合计数。按表中所列公式计算填写。

（三）第13至23栏"二、进项税额转出额"各栏：分别反映纳税人已经抵扣但按规定应在本期转出的进项税额明细情况。

1. 第13栏"本期进项税额转出额"：反映已经抵扣但按规定应在本期转出的进项税额合计数。按表中所列公式计算填写。

2. 第14栏"免税项目用"：反映用于免征增值税项目，按规定应在本期转出的进项税额。

3. 第15栏"非应税项目、集体福利、个人消费用"：反映用于非增值税应税项目、集体福利或者个人消费，按规定应在本期转出的进项税额。

4. 第16栏"非正常损失"：反映纳税人发生非正常损失，按规定应在本期转出的进项税额。

5. 第17栏"简易计税方法征税项目用"：反映用于按简易计税方法征税项目，按规定应在本期转出的进项税额。

营业税改征增值税的纳税人，应税服务按规定汇总计算缴纳增值税的分支机构，当期应由总机构汇总的进项税额也填入本栏。

6. 第18栏"免抵退税办法不得抵扣的进项税额"：反映按照免、抵、退税办法的规定，由于征税税率与退税税率存在税率差，在本期应转出的进项税额。

7. 第19栏"纳税检查调减进项税额"：反映税务、财政、审计部门检查后而调减的进项税额。

8. 第20栏"红字专用发票通知单注明的进项税额"：填写主管税务机关开具的《开具红字增值税专用发票通知单》、《开具红字货物运输业增值税专用发票通知单》等注明的在本期应转出的进项税额。

9. 第21栏"上期留抵税额抵减欠税"：填写本期经税务机关同意，使用上期留抵税额抵减欠税的数额。

10. 第22栏"上期留抵税额退税"：填写本期经税务机关批准的上期留抵税额退税额。

11. 第23栏"其他应作进项税额转出的情形"：反映除上述进项税额转出情形外，其他应在本期转出的进项税额。

（四）第24至34栏"三、待抵扣进项税额"各栏：分别反映纳税人已经取得，但按税法规定不符合抵扣条件，暂不予在本期申报抵扣的进项税额情况及按税法规定不允许抵扣的进项税额情况。

1. 第24至28栏均包括防伪税控"增值税专用发票"、"货物运输业增值税专用发票"和税控"机动车销售统一发票"的情况。

2. 第25栏"期初已认证相符但未申报抵扣"：反映前期认证相符，但按照税法规定暂不予抵扣及不允许抵扣，结存至本期的税控增值税专用发票情况。辅导期纳税人填写认证相符但未收到稽核比对结果的税控增值税专用发票期初情况。

3. 第26栏"本期认证相符且本期未申报抵扣"：反映本期认证相符，但按税法规定暂不予抵扣及不允许抵扣，而未申报抵扣的税控增值税专用发票情况。辅导期纳税人填写本期认证相符但未收到稽核比对结果的税控增值税专用发票情况。

4. 第27栏"期末已认证相符但未申报抵扣"：反映截至本期期末，按照税法规定仍暂不予抵扣及不允许抵扣且已认证相符的税控增值税专用发票情况。辅导期纳税人填写截至本期期末已认证相符但未收到稽核比对结果的税控增值税专用发票期末情况。

5. 第28栏"其中：按照税法规定不允许抵扣"：反映截至本期期末已认证相符但未申报抵扣的税控增值税专用发票中，按照税法规定不允许抵扣的税控增值税专用发票情况。

6. 第29栏"（二）其他扣税凭证"：反映截至本期期末仍未申报抵扣的除税控增值税专用发票之外的其他扣税凭证情况。具体包括：海关进口增值税专用缴款书、农产品收购发票或者销售发票、代扣代缴税收缴款凭证和运输费用结算单据。该栏应等于第30至33栏之和。

7. 第30栏"海关进口增值税专用缴款书"：反映已取得但截至本期期末仍未申报抵扣的海关进口增值税专用缴款书情况，包括纳税人未收到稽核比对结果的海关进口增值税专用缴款书情况。

8. 第31栏"农产品收购发票或者销售发票"：反映已取得但截至本期期末仍未申报抵扣的农产品收购发票和农产品销售普通发票情况。

9. 第32栏"代扣代缴税收缴款凭证"：反映已取得但截至本期期末仍未申报抵扣的代扣代缴税收缴款凭证情况。

10. 第33栏"运输费用结算单据"：反映已取得但截至本期期末仍未申报抵扣的运输费用结算单据情况。

（五）第35至36栏"四、其他"各栏

1. 第35栏"本期认证相符的税控增值税专用发票"：反映本期认证相符的防伪税控"增值税专用发票"、"货物运输业增值税专用发票"和税控"机动车销售统一发票"的情况。

2. 第36栏"代扣代缴税额"：填写纳税人根据《中华人民共和国增值税暂行条例》第十八条扣缴的应税劳务增值税额与根据营业税改征增值税有关政策规定扣缴的应税服务增值税额之和。

增值税纳税申报表附列资料（三）
（应税服务扣除项目明细）

税款所属时间：　　年　月　日至　　年　月　日

纳税人名称：（公章）　　　　　　　　　　　　　　　　　　　　　金额单位：元至角分

项目及栏次	本期应税服务价税合计额（免税销售额）	应税服务扣除项目				
		期初余额	本期发生额	本期应扣除金额	本期实际扣除金额	期末余额
	1	2	3	4=2+3	5(5≤1且5≤4)	6=4-5
17%税率的有形动产租赁服务						
11%税率的应税服务						
6%税率的应税服务						
3%征收率的应税服务						
免抵退税的应税服务						
免税的应税服务						

《增值税纳税申报表附列资料(三)》(应税服务扣除项目明细)填写说明

(一)本表由营业税改征增值税应税服务有扣除项目的纳税人填写。其他纳税人不填写。

(二)"税款所属时间"、"纳税人名称"的填写同主表。

(三)第1列"本期应税服务价税合计额(免税销售额)":营业税改征增值税的应税服务属于征税项目的,填写扣除之前的本期应税服务价税合计额;营业税改征增值税的应税服务属于免抵退税或免税项目的,填写扣除之前的本期应税服务免税销售额。本列各行次等于《附列资料(一)》第11列对应行次。

营业税改征增值税的纳税人,应税服务按规定汇总计算缴纳增值税的分支机构,本列各行次之和等于《附列资料(一)》第11列第13行。

(四)第2列"应税服务扣除项目""期初余额":填写应税服务扣除项目上期期末结存的金额,试点实施之日的税款所属期填写"0"。本列各行次等于上期《附列资料(三)》第6列对应行次。

(五)第3列"应税服务扣除项目""本期发生额":填写本期取得的按税法规定准予扣除的应税服务扣除项目金额。

(六)第4列"应税服务扣除项目""本期应扣除金额":填写应税服务扣除项目本期应扣除的金额。

本列各行次=第2列对应各行次+第3列对应各行次

(七)第5列"应税服务扣除项目""本期实际扣除金额":填写应税服务扣除项目本期实际扣除的金额。

本列各行次≤第4列对应各行次且本列各行次≤第1列对应各行次

(八)第6列"应税服务扣除项目""期末余额":填写应税服务扣除项目本期期末结存的金额。

本列各行次=第4列对应各行次-第5列对应各行次

增值税纳税申报表附列资料(四)
(税额抵减情况表)

税款所属时间:　　年　月　　日至　　年　月　　日

纳税人名称:(公章)　　　　　　　　　　　　　　　　　　　　金额单位:元至角分

序号	抵减项目	期初余额	本期发生额	本期应抵减税额	本期实际抵减税额	期末余额
		1	2	3=1+2	4≤3	5=3-4
1	增值税税控系统专用设备费及技术维护费					
2	分支机构预征缴纳税款					
3						
4						
5						
6						

《增值税纳税申报表附列资料(四)》(税额抵减情况表)填写说明

本表第1行由发生增值税税控系统专用设备费用和技术维护费的纳税人填写,反映纳税人增值税税控系统专用设备费用和技术维护费按规定抵减增值税应纳税额的情况。本表第2行由营业税改征增值税纳税人，应税服务按规定汇总计算缴纳增值税的总机构填写，反映其分支机构预征缴纳税款抵减总机构应纳增值税税额的情况。其他纳税人不填写本表。

固定资产进项税额抵扣情况表

纳税人名称(公章)：　　　　填表日期：　年　月　日　　　　金额单位：元至角分

项　目	当期申报抵扣的固定资产进项税额	申报抵扣的固定资产进项税额累计
增值税专用发票		
海关进口增值税专用缴款书		
合　计		

《固定资产进项税额抵扣情况表》填写说明

本表反映纳税人在《附列资料(二)》"一、申报抵扣的进项税额"中固定资产的进项税额。本表按增值税专用发票、海关进口增值税专用缴款书分别填写。税控《机动车销售统一发票》填入增值税专用发票栏内。

技能训练二　小规模纳税人纳税申报

一、知识准备

熟悉和掌握小规模纳税人计税依据和征收率。

二、训练要求

1. 计算小规模纳税人本期应纳增值税额。
2. 根据涉税资料编制会计分录。
3. 填写小规模纳税人增值税纳税申报表。

三、训练资料

(一)企业基本情况

纳税人名称：××酒厂(增值税小规模纳税人)　　　登记注册类型：有限责任公司

经营范围：白酒、啤酒的生产、批发、零售

纳税方式：自行申报

(二)2014 年 10 月涉税资料

1. 10 月 1 日，销售白酒一批，开具普通发票。

湖北省国家税务局通用机打发票(网络版)

记 账 联

发票代码

发票号码

开票日期:　2014 年 10 月 1 日　　　　　　行业分类:制造业

购方单位:×××　　　　　　　　　　购货方识别号或证件号:×××					
品号及规格	货物或劳务名称	单位	数量	单价	金额
6 瓶×500ml	白酒	箱	240	351.00	84 240.00

金额(大写)⊕捌万肆仟贰佰肆拾元整　　　　　　　　¥ 84 240.00

开票单位盖章　　　　　　　收款人　　　　　　开票人

2. 10 月 2 日,销售啤酒 15 000 元,收取运费 500 元,开具普通发票及运输发票。

湖北省国家税务局通用机打发票(网络版)

记 账 联

发票代码

发票号码

开票日期:　2014 年 10 月 2 日　　　　　　行业分类:制造业

购方单位:×××　　　　　　　　　　　购货方识别号或证件号:×××					
品号及规格	货物或劳务名称	单位	数量	单价	金额
24 瓶×824ml	啤酒	箱	300	50.00	15 000.00
	运输				500.00

金额(大写)⊕壹万伍仟伍佰元整　　　　　　　　¥ 15 500.00

开票单位盖章　　　　　　　收款人　　　　　　开票人

(三)训练操作表格

增值税纳税申报表(小规模纳税人适用)

纳税人
识别号：

纳税人名称(公章)：　　　　　　　　　　　　　　　　　金额单位：元至角分

税款所属期：　年　月　日至　年　月　日　　　　填表日期：　年　月　日

项　目	栏次	本期数		本年累计	
		应税货物及劳务	应税服务	应税货物及劳务	应税服务
一、计税依据	(一)应征增值税不含税销售额	1			
	税务机关代开的增值税专用发票不含税销售额	2			
	税控器具开具的普通发票不含税销售额	3			
	(二)销售使用过的应税固定资产不含税销售额	4(4≥5)	—		—
	其中：税控器具开具的普通发票不含税销售额	5	—		—
	(三)免税销售额	6=7+8+9			
	其中：小微企业免税销售额	7			
	未达起征点销售额	8			
	其他免税销售额	9			
	(四)出口免税销售额	10(10≥11)			
	其中：税控器具开具的普通发票销售额	11			
二、税款计算	本期应纳税额	12			
	本期应纳税额减征额	13			
	本期免税额	14			
	其中：小微企业免税额	15			
	未达起征点免税额	16			
	应纳税额合计	17=12-13			
	本期预缴税额	18		—	—
	本期应补(退)税额	19=17-18		—	—

纳税人或代理人声明： 　　本纳税申报表是根据国家税收法律法规及相关规定填报的，我确定它是真实的、可靠的、完整的。	如纳税人填报，由纳税人填写以下各栏：	
	办税人员：	财务负责人：
	法定代表人：	联系电话：
	如委托代理人填报，由代理人填写以下各栏：	
	代理人名称(公章)：	经办人：
	联系电话：	

主管税务机关：　　　　　　　接收人：　　　　　　　　接收日期：

增值税纳税申报表(小规模纳税人适用)附列资料

税款所属期：　年 月 日至　 年 月 日　　　　　　　　　　填表日期：　 年 月 日

纳税人名称(公章)：　　　　　　　　　　　　　　　　　　金额单位：元至角分

应税服务扣除额计算			
期初余额	本期发生额	本期扣除额	期末余额
1	2	3(3≤1+2 之和，且 3≤5)	4=1+2-3
应税服务计税销售额计算			
全部含税收入	本期扣除额	含税销售额	不含税销售额
5	6=3	7=5-6	8=7÷1.03

《增值税纳税申报表(小规模纳税人适用)》
及其附列资料填写说明

　　本纳税申报表及其附列资料填写说明(以下简称本表及填写说明)适用于增值税小规模纳税人(以下简称纳税人)。

　　一、名词解释

　　(一)本表及填写说明所称"应税货物"，是指增值税的应税货物。

　　(二)本表及填写说明所称"应税劳务"，是指增值税的应税加工、修理、修配劳务。

　　(三)本表及填写说明所称"应税服务"，是指营业税改征增值税的应税服务。

　　(四)本表及填写说明所称"应税服务扣除项目"，是指纳税人提供应税服务，在确定应税服务销售额时，按照有关规定允许其从取得的全部价款和价外费用中扣除价款的项目。

　　二、《增值税纳税申报表(小规模纳税人适用)》填写说明

　　本表"应税货物及劳务"与"应税服务"各项目应分别填写。

　　(一)"税款所属期"是指纳税人申报的增值税应纳税额的所属时间，应填写具体的起止年、月、日。

（二）"纳税人识别号"栏，填写纳税人的税务登记证号码。

（三）"纳税人名称"栏，填写纳税人单位名称全称。

（四）第1栏"应征增值税不含税销售额"：填写应税货物及劳务、应税服务的不含税销售额，不包括销售使用过的应税固定资产和销售旧货的不含税销售额、免税销售额、出口免税销售额、查补销售额。

应税服务有扣除项目的纳税人，本栏填写扣除后的不含税销售额，与当期《增值税纳税申报表（小规模纳税人适用）附列资料》第8栏数据一致。

（五）第2栏"税务机关代开的增值税专用发票不含税销售额"：填写税务机关代开的增值税专用发票销售额合计。

（六）第3栏"税控器具开具的普通发票不含税销售额"：填写税控器具开具的应税货物及劳务、应税服务的普通发票注明的金额换算的不含税销售额。

（七）第4栏"销售使用过的应税固定资产不含税销售额"：填写销售自己使用过的应税固定资产和销售旧货的不含税销售额，销售额=含税销售额/（1+3%）。

（八）第5栏"税控器具开具的普通发票不含税销售额"：填写税控器具开具的销售自己使用过的应税固定资产和销售旧货的普通发票金额换算的不含税销售额。

（九）第6栏"免税销售额"：填写销售免征增值税的应税货物及劳务、应税服务的销售额，不包括出口免税销售额。

应税服务有扣除项目的纳税人，填写扣除之前的销售额。

（十）第7栏"小微企业免税销售额"：填写符合小微企业免征增值税政策的免税销售额，不包括符合其他增值税免税政策的销售额。个体工商户和其他个人不填写本栏次。

（十一）第8栏"未达起征点销售额"：填写个体工商户和其他个人未达起征点（含支持小微企业免征增值税政策）的免税销售额，不包括符合其他增值税免税政策的销售额。本栏次由个体工商户和其他个人填写。

（十二）第9栏"其他免税销售额"：填写销售免征增值税的应税货物及劳务、应税服务的销售额，不包括符合小微企业免征增值税和未达起征点政策的免税销售额。

（十三）第10栏"出口免税销售额"：填写出口免征增值税应税货物及劳务、出口免征增值税应税服务的销售额。

应税服务有扣除项目的纳税人，填写扣除之前的销售额。

（十四）第11栏"税控器具开具的普通发票销售额"：填写税控器具开具的出口免征增值税应税货物及劳务、出口免征增值税应税服务的普通发票销售额。

（十五）第12栏"本期应纳税额"：填写本期按征收率计算缴纳的应纳税额。

（十六）第13栏"本期应纳税额减征额"：填写纳税人本期按照税法规定减征的增值税应纳税额。包含可在增值税应纳税额中全额抵减的增值税税控系统专用设备费用以及技术维护费，可在增值税应纳税额中抵减的购置税控收款机的增值税税额。其抵减、抵免增值税应纳税额情况，需填报《增值税纳税申报表附列资料（四）》（税额抵减情况表）予以反映。无抵减、抵免情况的纳税人，不填报此表。《增值税纳税申报表附列资料（四）》表式见《国家税务总局关于调整增值税纳税申报有关事项的公告》（国家税务总局公告2013年第32号）。

当本期减征额小于或等于第12栏"本期应纳税额"时，按本期减征额实际填写；当本期减征额大于第12栏"本期应纳税额"时，按本期第12栏填写，本期减征额不足抵减部分结转下期继续抵减。

（十七）第14栏"本期免税额"：填写纳税人本期增值税免税额，免税额根据第6栏"免税销售额"和征收率计算。

（十八）第15栏"小微企业免税额"：填写符合小微企业免征增值税政策的增值税免税额，免税额根据第7栏"小微企业免税销售额"和征收率计算。

(十九)第 16 栏 "未达起征点免税额"：填写个体工商户和其他个人未达起征点(含支持小微企业免征增值税政策)的增值税免税额，免税额根据第 8 栏"未达起征点销售额"和征收率计算。

(二十)第 18 栏"本期预缴税额"：填写纳税人本期预缴的增值税额，但不包括查补缴纳的增值税额。

三、《增值税纳税申报表(小规模纳税人适用)附列资料》填写说明

本附列资料由应税服务有扣除项目的纳税人填写，各栏次均不包含免征增值税应税服务数额。

(一)"税款所属期"是指纳税人申报的增值税应纳税额的所属时间，应填写具体的起止年、月、日。

(二)"纳税人名称"栏，填写纳税人单位名称全称。

(三)第 1 栏"期初余额"：填写应税服务扣除项目上期期末结存的金额，试点实施之日的税款所属期填写"0"。

(四)第 2 栏"本期发生额"：填写本期取得的按税法规定准予扣除的应税服务扣除项目金额。

(五)第 3 栏"本期扣除额"：填写应税服务扣除项目本期实际扣除的金额。

第 3 栏"本期扣除额" ≤ 第 1 栏"期初余额"+第 2 栏"本期发生额"之和，且第 3 栏"本期扣除额" ≤ 第 5 栏"全部含税收入"。

(六)第 4 栏"期末余额"：填写应税服务扣除项目本期期末结存的金额。

(七)第 5 栏"全部含税收入"：填写纳税人提供应税服务取得的全部价款和价外费用数额。

(八)第 6 栏"本期扣除额"：填写本附列资料第 3 项"本期扣除额"栏数据。

第 6 栏"本期扣除额" = 第 3 栏"本期扣除额"

(九)第 7 栏"含税销售额"：填写应税服务的含税销售额。

第 7 栏"含税销售额" = 第 5 栏"全部含税收入" – 第 6 栏"本期扣除额"

(十)第 8 栏"不含税销售额"：填写应税服务的不含税销售额。

第 8 栏"不含税销售额" = 第 7 栏"含税销售额" ÷ 1.03，与《增值税纳税申报表(小规模纳税人适用)》第 1 栏"应征增值税不含税销售额""本期数""应税服务"栏数据一致。

一、知识准备

熟悉和掌握消费税纳税人、税目、税率、计税依据、纳税期限、纳税地点和填报纳税申报表的法律规定及应纳消费税的会计处理。

二、训练要求

1. 计算本期应纳消费税额并编制会计分录。
2. 填写消费税纳税申报表及本期代收代缴税额计算表。

三、训练资料

见"学习情景二　增值税纳税实务"技能训练一的资料。

酒类应税消费品消费税纳税申报表

税款所属期：　　　年　　月　　日至　　　年　　月　　日

纳税人识别号：☐☐☐☐☐☐☐☐☐☐☐☐☐☐☐☐☐☐☐☐☐☐

纳税人名称(公章)：

填表日期：　　　年　　月　　日

金额单位：元(列至角分)

项目 应税 消费品名称	适用税率		销售数量	销售额	应纳税额
	定额税率	比例税率			
粮食白酒	0.5元/斤	20%			
薯类白酒	0.5元/斤	20%			
啤酒	250元/吨	—			
啤酒	220元/吨	—			
黄酒	240元/吨	—			
其他酒	—	10%			
合计	—	—			

续表

本期准予抵减税额：	**声明** 　此纳税申报表是根据国家税收法律的规定填报的，我确定它是真实的、可靠的、完整的。
本期减(免)税额：	经办人(签章)： 　财务负责人(签章)：
期初未缴税额：	联系电话：
本期缴纳前期应纳税额：	(如果你已委托代理人申报，请填写) 　　　　授权声明
本期预缴税额：	为代理一切税务事宜，现授权＿＿＿＿＿＿(地
本期应补(退)税额：	址)＿＿＿＿＿＿＿为本纳税人的代理申报人，任何与本申报表有关的往来文件，都可寄予此人。
期末未缴税额：	授权人签章：

以下由税务机关填写

受理人(签章)：　　　　　受理日期：　　　年　　月　　　日

　　　　　　　　　　　　　受理税务机关(章)：

填 表 说 明

　　一、本表仅限酒及酒精消费税纳税人使用。

　　二、本表"税款所属期"是指纳税人申报的消费税应纳税额的所属时间，应填写具体的起止年、月、日。

　　三、本表"纳税人识别号"栏，填写纳税人的税务登记证号码。

　　四、本表"纳税人名称"栏，填写纳税人单位名称全称。

　　五、本表"销售数量"为《中华人民共和国消费税暂行条例》、《中华人民共和国消费税暂行条例实施细则》及其他法规、规章规定的当期应申报缴纳消费税的酒类应税消费品销售(不含出口免税)数量。计量单位：粮食白酒和薯类白酒为斤(如果实际销售商品按照体积标注计量单位，应按 500 毫升为 1 斤换算)，啤酒、黄酒和其他酒为吨。

　　六、本表"销售额"为《中华人民共和国消费税暂行条例》、《中华人民共和国消费税暂行条例实施细则》及其他法规、规章规定的当期应申报缴纳消费税的酒类应税消费品销售(不含出口免税)收入。

　　七、根据《中华人民共和国消费税暂行条例》和《财政部 国家税务总局关于调整酒类产品消费税政策的通知》(财税〔2001〕84 号)的规定，本表"应纳税额"计算公式如下：

　　(一)粮食白酒、薯类白酒

　　应纳税额＝销售数量×定额税率＋销售额×比例税率

　　(二)啤酒、黄酒

　　应纳税额＝销售数量×定额税率

　　(三)其他酒

　　应纳税额＝销售额×比例税率

　　八、本表"本期准予抵减税额"填写按税收法规规定的本期准予抵减的消费税应纳税额。其准予抵减的消费税应纳税额情况，需填报本表附1《本期准予抵减税额计算表》予以反映。

"本期准予抵减税额"栏数值与本表附1《本期准予抵减税额计算表》"本期准予抵减税款合计"栏数值一致。

九、本表"本期减(免)税额"不含出口退(免)税额。

十、本表"期初未缴税额"栏，填写本期期初累计应缴未缴的消费税额，多缴为负数。其数值等于上期申报表"期末未缴税额"栏数值。

十一、本表"本期缴纳前期应纳税额"填写本期实际缴纳入库的前期应缴未缴消费税额。

十二、本表"本期预缴税额"填写纳税申报前纳税人已预先缴纳入库的本期消费税额。

十三、本表"本期应补(退)税额"填写纳税人本期应纳税额中应补缴或应退回的数额，计算公式如下，多缴为负数：

本期应补(退)税额＝应纳税额(合计栏金额)－本期准予抵减税额－本期减(免)税额－本期预缴税额

十四、本表"期末未缴税额"填写纳税人本期期末应缴未缴的消费税额，计算公式如下，多缴为负数：

期末未缴税额＝期初未缴税额＋本期应补(退)税额－本期缴纳前期应纳税额

十五、本表为A4竖式，所有数字小数点后保留两位。一式两份，一份纳税人留存，一份税务机关留存。

本期代收代缴税额计算表

税款所属期：　　　年　　月　　日至　　年　　月　　日

纳税人
识别号：

纳税人名称(公章)：

填表日期：　　年　　月　　日　　　　　　　　　　　金额单位：元(列至角分)

项目	应税消费品名称	粮食白酒	薯类白酒	啤酒	啤酒	黄酒	其他酒	合计
适用税率	定额税率	0.5 元/斤	0.5 元/斤	250 元/吨	220 元/吨	240 元/吨	—	—
	比例税率	20%	20%	—	—	—	10%	
受托加工数量								—
同类产品销售价格						—		
材料成本						—		—
加工费						—		—
组成计税价格						—		—
本期代收代缴税款								

填 表 说 明

一、本表作为《酒类应税消费品消费税纳税申报表》的附列资料，由酒类应税消费品受托加工方纳税人填报。委托方和未发生受托加工业务的纳税人不填报本表。

二、本表"税款所属期"、"纳税人名称"、"纳税人识别号"的填写同主表。

三、本表"受托加工数量"的计量单位是：粮食白酒和薯类白酒为斤（如果实际销售商品按照体积标注计量单位，应按500毫升为1斤换算），啤酒、黄酒、其他酒为吨。

四、本表"同类产品销售价格"为受托方同类产品销售价格。

五、根据《中华人民共和国消费税暂行条例》的规定，本表"组成计税价格"的计算公式如下：

组成计税价格＝（材料成本＋加工费）÷（1－消费税税率）

六、根据《中华人民共和国消费税暂行条例》的规定，本表"本期代收代缴税款"的计算公式如下：

（一）当受托方有同类产品销售价格时

本期代收代缴税款＝同类产品销售价格×受托加工数量×适用税率＋受托加工数量×适用税率

（二）当受托方没有同类产品销售价格时

本期代收代缴税款＝组成计税价格×适用税率＋受托加工数量×适用税率

"本期代收代缴税款合计"为粮食白酒、薯类白酒、啤酒、黄酒、其他酒的"本期代收代缴税款"合计数。

七、本表为A4竖式，所有数字小数点后保留两位。一式两份，一份纳税人留存，一份税务机关留存。

营业税纳税实务

一、知识准备

熟悉和掌握营业税纳税人、征税范围、计税依据、纳税期限、纳税地点、税收优惠和填写纳税申报表等方面的法律规定及应纳营业税的会计处理。

二、训练要求

1. 计算本期应纳营业税额。
2. 根据涉税资料编制会计分录。
3. 填写本期应纳营业税纳税申报表及附表。

三、训练资料

(一)企业基本情况

企业名称：武汉××大酒店有限责任公司

公司类型：有限责任公司

经营范围：餐饮、住宿、娱乐、会议、代理、租赁(代销产品采用视同劳务代销方式)

经地方税务机关确定其税款征收方式为查账征收，企业采用自行申报纳税。

湖北歌舞厅2014年税率为10%，保龄球税率为5%。企业以前无欠税。

(二)企业2014年11月涉税业务资料

1. 11月1日，接受婚宴预订，收取定金，开具收据。

收　据

2014 年 11 月 1 日　　№　4000137

今收到 李丽婚宴定金 2 000 元。		
金额(大写)贰仟元整	￥2 000.00	
附注：		

发据单位签章　　　　　会计　　　　　出纳　　　　　经手人

2. 11 月 4 日，向××旅行社开具旅游团住宿发票，收取住宿费、餐费。

武汉市税控收款机专用发票

发 票

发票代码 253001103014

发票号码 00944177

客户名称：××旅行社   开票时间 2014 年 11 月 4 日

税务登记号	42061174529××××	税控码	0677 9155 0801 8162 ××××
税控装置号	55552002××××	机打票号	0094×××
经营项目			金额
餐费			50 000.00
住宿费			20 000.00
合计金额(大写)	柒万元整		￥70 000.00

收款单位(签章)：   收款员：张荣   开票员：李刚

3. 11 月 6 日，开具酒店会议室租金和餐费发票，出租会议室取得租金。

武汉市税控收款机专用发票

发 票·

发票代码 253001103014

发票号码 00944178

客户名称：武汉市环保局   开票时间 2014 年 11 月 6 日

税务登记号	42061174529××××	税控码	0677 9155 0801 8162 ××××
税控装置号	55552002××××	机打票号	0094×××
经营项目			金额
会议室租金费用			4 000.00
餐费			8 000.00
合计金额(大写)	壹万贰仟元整		￥12 000.00

收款单位(签章)：   收款员：张荣   开票员：李刚

4. 11 月 8 日，开具婚宴餐费发票，系 3 个月前预订，已交定金 2 000 元，实收 48 000元。

武汉市税控收款机专用发票

发　票

发票代码 253001103014

发票号码 00944205

客户名称：张玲

开票时间 2014 年 11 月 8 日

税务登记号	42061174529××××	税控码	0677 9155 0801 8162 ××××
税控装置号	55552002××××	机打票号	0094××××
经营项目			金额
餐费			48 000.00
合计金额(大写)	肆万捌仟元整		￥48 000.00

收款单位(签章)：　　　　　　　收款员：张荣　　　　　　开票员：李刚

5. 11 月 10 日，开具××机械厂酒店歌舞厅包场发票。

武汉市税控收款机专用发票

发　票

发票代码 253001103014

发票号码 00944234

客户名称：武汉××机械厂

开票时间 2014 年 11 月 10 日

税务登记号	42061174529××××	税控码	0677 9155 0801 8162 ××××
税控装置号	55552002××××	机打票号	0094××
经营项目			金额
歌舞厅(KTV)费用			5 000.00
合计金额(大写)	伍仟元整		￥5 000.00

收款单位(签章)：　　　　　　　收款员：张荣　　　　　　开票员：李刚

6. 11 月 14 日，开具××汽车公司举办台球比赛租用酒店台球中心场地发票。

武汉市税控收款机专用发票

发　票

发票代码 253001103014

发票号码 00944236

客户名称：××汽车公司

开票时间 2014 年 11 月 14 日

税务登记号	42061174529××××	税控码	0677 9155 0801 8162 ××××
税控装置号	55552002××××	机打票号	0094×××
经营项目			金额
台球场地租赁费			4 000.00
合计金额(大写)	肆仟元整		￥4 000.00

收款单位(签章)：　　　　　　　收款员：张荣　　　　　　开票员：李刚

7. 11 月 20 日，开具××酒业公司代销品牌白酒手续费。

武汉市税控收款机专用发票

发 票 　　　　　发票代码 253001103014

发票号码 00944250

客户名称：××酒业公司 　　　　　开票时间 2014 年 11 月 20 日

税务登记号	42061174529××××	税控码	0677 9155 0801 8162 ××××
税控装置号	55552002×××	机打票号	0094×××
经营项目			金额
代销××牌保健酒手续费			20 000.00
合计金额（大写）	贰万元整		￥20 000.00

收款单位（签章）： 　　　　收款员：张荣 　　　　开票员：李刚

8. 11 月 25 日，开具代售××航空公司机票手续费发票，收入 25 000 元。

武汉市税控收款机专用发票

发 票 　　　　　发票代码 253001103014

发票号码 00944263

客户名称：××航空公司 　　　　开票时间 2014 年 11 月 25 日

税务登记号	42061174529××××	税控码	0677 9155 0801 8162 ××××
税控装置号	55552002×××	机打票号	0094×××
经营项目			金额
代售天河机场机票手续费			25 000.00
合计金额（大写）	贰万伍仟元整		￥25 000.00

收款单位（签章）： 　　　　收款员：张荣 　　　　开票员：李刚

9. 除上述业务外，本月还发生餐饮业收入 358 000 元、住宿收入 240 000 元、保龄球馆收入 65 000 元、歌舞厅收入 160 000 元。

（三）训练操作表格

1. 营业税纳税申报表（适用于查账征收的营业税纳税人）

营业税纳税申报表（适用于查账征收的营业税纳税人）

纳税人识别号：　　　　　电脑代码：

纳税人名称（公章）：　　税款所属时间：自　年　月　日至　年　月　日　填表日期：　年　月　日　金额单位：元（列至角分）

税目	行次	营业额 应税收入	营业额 前期多缴项目营业额 小计	营业额 前期多缴项目营业额 营业额冲减	营业额 前期多缴项目营业额 事后审批减免	营业额 前期多缴项目营业额 其他	应税减除项目金额	应税营业额	免税收入	税率%	本期税款计算 小计	本期税款计算 本期应纳税额	本期税款计算 免(减)税额	本期税款计算 期初欠缴税额	本期税款计算 前期多缴税额	税款缴纳 本期已缴税额 小计	税款缴纳 本期已缴税额 已缴本期应纳税额	税款缴纳 本期已缴税额 本期已被扣缴税额	税款缴纳 本期已缴税额 本期已缴欠缴税额	本期应缴税额计算 小计	本期应缴税额计算 本期期末应缴税额	本期应缴税额计算 本期期末应缴欠缴税额
		1	$2=3+4+5$	3	4	5	6	$7=1-6$	8	9	$10=11+12$	$11=7\times9$	$12=8\times9$	13	$14=2\times9$	$15=16+17+18$	16	17	18	$19=20+21$	$20=11-14-16-17$	$21=13-18$
建筑业	1																					
服务业	2																					
娱乐业 5%税率	3																					
娱乐业 10%税率	4																					
娱乐业 20%税率	5																					
金融保险业	6																					
文化体育业	7																					
销售不动产	8																					
转让无形资产	9																					
	10																					
	11																					

续表

合　计	12		
代扣代缴项目	13		
	14		
总　计	15		

纳税人或代理人声明:
此纳税申报表是根据国家税收法律法规的规定填报的,我确定它是真实的、可靠的、完整的。

如纳税人填报,由纳税人填写以下各栏:
办税人员(签章):
联系电话:
如委托代理人填报,由代理人填写以下各栏:
代理人名称:
代理人(公章):

法定代表人(签章):
财务负责人(签章):

经办人(签章):
联系电话:

受理税务机关(签章):

以下由税务机关填写:
受理人:
受理日期:　　年　　月　　日

《营业税纳税申报表(适用于查账征收的营业税纳税人)》填表说明

本表为A3横式,一式三份,一份纳税人留存,一份主管税务机关留存,一份征收部门留存。

1. 根据《中华人民共和国税收征收管理法》及其实施细则、《中华人民共和国营业税暂行条例》的有关规定,制定本表。
2. 本表适用于除经主管税务机关核准实行简易申报方式以外的所有营业税纳税人(以下简称纳税人)。
3. 本表"纳税人识别号"部分,填写税务机关为纳税人确定的识别号,即税务登记号码。
4. 本表"电脑代码"部分,填写税务机关为纳税人确定的电脑编码。
5. 本表"纳税人名称(公章)"部分,填写纳税人单位名称全称,并加盖公章,不填写简称。
6. 本表"税款所属时间"部分填写纳税人申报的营业税应纳税额的所属时间的起止年、月、日。
7. 本表"填表日期"部分填写纳税人填写本表的具体日期。
8. 本表"建筑业"行应按营业税纳税地点的规定,填写本期在本市缴纳的营业税款,填报本期建筑业劳务应税劳务申报事项中"合计"行各栏目数据为《建筑业营业税纳税申报表》"本地提供建筑业应税劳务申报事项"中"合计"行各相应栏数据。以下除特别指明外,本表"建筑业"行各栏目数

9. 本表"娱乐业"行应分区不同的娱乐业税率填报事项。

10. 本表"代扣代缴项目"行应填报纳税人本期按照营业税现行规定因在本市发生代扣代缴行为所应申报的事项，分不同税率填报。

11. 本表所有栏次数据均不包括本纳税人经税务机关、财政、审计部门检查等发生的相关数据。

12. 纳税人自查发现的问题，如属于应税营业额计算错误，应填报营业项目适用税目营业额的税款，通过退税申请受理解决，不在本表填列；如属于纳税人因未申报而补充申报的事项，仍利用此表，其所属期间应为纳税时期应税营业额自查发现同期问题的当期。

13. 本表第1栏"应税收入"填写纳税人本期因提供营业税应税劳务、转让无形资产或者销售不动产所取得的全部价款和价外费用（不包括免税收入），分营业税税目填报，本栏数据为各相应税目营业税纳税申报表中"应税收入"栏的"合计"数。纳税人提供营业税应税劳务、转让无形资产或者销售不动产发生退税款或因财务会计核算办法改变冲减营业额时，不在本表次调减。

14. 本表第2栏"小计"填写各相应税目营业税纳税申报表中"营业额"栏的合计数。

15. 本表第3栏"营业额冲减"填写纳税人本期由于发生退款或因财务会计核算办法改变冲减的营业额。本栏数据为各相应税目营业税纳税申报表中"营业额冲减"栏的合计数。

16. 本表第4栏"事后审批减免"填写纳税人前期已纳税款中，由于减免税事后审批而多缴营业税的营业额。本栏数据为各相应税目营业税纳税申报表中"事后审批减免"栏的合计数。

17. 本表第5栏"其他"填写纳税人上期申报中，与未抵扣完的税款对应的营业额。本栏数据为各相应税目营业税纳税申报表中"其他"栏的"合计"数。

18. 本表第6栏"应税减除项目金额"填写纳税人本期提供营业税应税劳务、转让无形资产或者销售不动产所取得的应税收入（或"应税收入"栏中"小计"项）的"合计"数。分营业税税目填报，本栏数据为相应税目营业税减除项目金额"栏（或"应税减除项目金额"栏）的"合计"数。

减除项目金额按实行扣除与营业税收入相匹配的原则，纳税人提供营业税应税劳务、转让无形资产或者销售不动产的，凡应按差额征税的，除各税目另有特殊规定外，原则上以取得合法有效原始凭证作为填列的依据。

本栏各行次数据填写时不得大于同行次的"应税收入"。本表各行次数据等于《营业税营业额减除项目汇总表》中各相应税目营业税减除项目金额汇总表中汇总表。

同时，为加强减除项目的管理，纳税人应按照营业税营业额减除项目明细表（以下简称"明细表"）的要求，逐项填报减除项目，并根据明细表将有关数据在营业税额减除项目汇总表中汇总填报。

19. 本表第7栏"应税营业额"填写本期实际缴纳营业税的应税营业额。本栏数据等于同行次的"应税收入"减"应税减除项目金额"。本栏数据不得小于零。

20. 本表第 8 栏"免税收入"应填写纳税人本期提供营业税应税劳务、转让无形资产或者销售不动产所取得的应税收入中不需税务机关审批可直接免缴税款的应税收入或者税务机关批准的免税税项应税收入，分营业税税目填报，本栏数据为相应税税目营业税纳税申报表中"免税收入"栏的"合计"数。

21. 本表第 9 栏"税率%"填写与各税税目对应的税率。

22. 本表第 10 栏"本期税款计算"小计"等于同行次"应税营业额"乘"税率%"。

23. 本表第 11 栏"本期应纳税额"等于同行次"应税营业额"乘"税率%"。

24. 本表第 12 栏"免（减）税额"等于同行次"免（减）税收入"乘"税率%"。

25. 本表第 13 栏"期初应纳欠缴税额"填写截至本期（不含本期），纳税人经过纳税申报或报告、批准延期缴纳、税务机关核定等确定的应纳税额后，超过法律、行政法规规定或者税务机关依照法律、行政法规规定确定的税款缴纳期限未缴纳的税款，分营业税税目填报，本栏数据为相应税税目营业税纳税申报表中"期初应纳欠缴税额"栏的"合计"数。

26. 本表第 14 栏"前期多缴税额"等于同行次第 2 栏"小计"乘"税率%"的"合计"数。

27. 本表第 15 栏"本期已缴税额"小计"等于同行次"已缴本期应纳税额"、"本期已缴欠缴税额"的合计数。

28. 本表第 16 栏"已缴本期应纳税额"填写纳税人已缴纳的本期应纳营业税额。该栏数据为相应税税目营业税纳税申报表中"已缴本期应纳税额"栏的"合计"数。

29. 本表第 17 栏"本期已被扣缴税额"填写纳税人本期发生纳税义务，按现行税法规定被扣缴义务人扣缴的营业税税额。本栏数据为相应税目营业税纳税申报表中"本期已被扣缴税额"栏的"合计"数。

30. 本表第 18 栏"本期缴欠缴税额"，填写纳税人本期缴纳的前期欠税，包括本期缴纳的前期经过纳税申报或报告、批准延期缴纳、税务机关依照法律、行政法规规定确定的税款缴纳期限未缴纳的税款。该栏数据为相应税目营业税纳税申报表中"本期缴欠缴税额"栏的"合计"数。

31. 本表第 19 栏"本期期末应缴税额"小计"等于同行次"本期期末应缴欠缴税额"、"本期已缴欠缴税额"栏的"合计"数。

32. 本表第 20 栏"本期期末应缴税额"，填写纳税人本期期末应缴的营业税税款；本栏数据等于同行次"本期应缴税额"减"前期多缴税额"减"已缴本期应纳税额"减"本期已被扣缴税额"，即本期期末应缴纳营业税税目应纳税额，填写为零。当本期期末应缴税额"栏出现负数时，填写为零。

33. 本表第 21 栏"本期期末应缴欠缴税额"，填写纳税人本期期末应缴欠缴的营业税税额。本栏数据等于同行次"期初应纳欠缴税额"减"本期已缴欠缴税额"栏的填报数；本栏数据也是下期申报表第 13 栏"期初应纳欠缴税额"栏的"合计"数。

2.营业税纳税申报表附表——娱乐业营业税纳税申报表(适用于娱乐业营业税纳税人)

娱乐业营业税纳税申报表(适用于娱乐业营业税纳税人)

纳税人识别号：　　　　　电脑代码：

纳税人名称(公章)：　　　税款所属时间：自　年　月　日至　年　月　日　填表日期：　年　月　日　金额单位：元(列至角分)

应税项目	行次	应税收入	前期多缴项目营业额				应税减除项目金额	应税营业额	免税收入	税率(%)	本期税款计算			期初欠缴税额	前期多缴税额	本期已缴税额			税款缴纳		
			小计	营业额冲减	事后审批减免	其他					小计	本期应纳税额	免(减)税额			小计	已缴本期应纳税额	本期已缴欠缴税额	小计	本期应缴税额	本期期末应缴欠缴税额
		1	2=3+4+5	3	4	5	6	7=1-6	8	9	10=11+12	11=7×9	12=8×9	13	14=2×9	15=16+17	16	17	18=19+20	19=11-14-16	20=13-17
歌厅	1																				
舞厅	2																				
卡拉OK歌舞厅　夜总会	3																				
练歌房	4																				
恋歌房	5																				
	6																				
音乐茶座　酒吧	7																				
	8																				
高尔夫球	9																				
台球、保龄球	10																				
游艺场	11																				
	12																				

续表

网吧	13					
其他	14					
5%税率小计	15					
10%税率小计	16					
20%税率小计	17					
合计	18					

以下由税务机关填写：

受理人：　　　　　受理日期：　　　年　　月　　日　　受理税务机关（签章）

《娱乐业营业税纳税申报表》填表说明

1. 本表适用于所有经主管税务机关核准实行简易申报方式以外的娱乐业营业税纳税人（以下简称纳税人）。

2. 本表"纳税人识别号"部分，填写税务机关为纳税人确定的识别号，即税务登记证号码。

3. 本表"电脑代码"部分，填写税务机关为纳税人确定的电脑编码。

4. 本表"纳税人名称"部分，填写纳税人单位名称全称，并加盖公章，不得填写简称。

5. 本表"税款所属时间"部分填写纳税人申报缴纳的营业税额的所属时间，应填写具体的起止年、月、日。

6. 本表"填表日期"部分填写纳税人填写本表的具体日期。

7. 本表中所有栏次数据均不包括纳税人经税务机关、财政、审计部门检查的相关数据。

8. 本表第1栏"应税收入"填写纳税人本期因提供娱乐业营业税应税劳务所取得的全部价款和价外费用（不包括免税收入）。纳税人发生退款或因财务会计核算办法改变冲减营业额时，不在本栏次调减，在第3栏"营业额冲减"栏次内填写。

9. 本表第 4 栏"事后审批减免"填写纳税人前期已纳税的营业额中，由于减免税事后审批而多缴营业税的营业额。

10. 本表第 5 栏"其他"应税减除项目金额中，与未抵扣完的应税减除项目汇总表的"本期实际减除金额"数据填报。

11. 本表第 6 栏"应税减除项目金额"填写纳税人本期取得的娱乐业应税营业劳务所取得的营业额（参见本说明第 16 条）。本栏各行次数据不得大于同行次第 1 栏"应税收入"，有关数据应根据营业税应税减除项目汇总表的"本期实际减除金额"数据填报。

12. 本表第 8 栏"免税收入"填写纳税人本期取得的娱乐业应税收入中所含的不需要税务机关审批可直接免税收入款的应税收入或已经免税收入款的应税收入。

的免税项目应税收入。

13. 本表第 13 栏"期初欠缴税额"填写截至本期（不含本期），纳税人经过纳税申报或报告，批准延期缴纳，税务机关核定等确定纳税额，超过法律、行政法规规定或者税务机关确定的税款缴纳期限未缴纳的营业税额。

14. 本表第 16 栏"已缴本期应纳税额"填写纳税人已缴的本期应纳税的税款。

15. 本表第 17 栏"已缴欠缴税额"填写纳税人本期缴纳的前期欠税，包括本期缴纳的前期经过纳税申报或报告，批准延期缴纳，税务机关核定等确定应纳税额后，超过法律、行政法规规定或者税务机关确定的税款缴纳期限未缴纳的税款。

16. 本表第 19 栏"本期期末应缴税额"的"合计"行出现负数时，允许填写负数，其负数部分，即未抵扣完的税款换算成营业额并按各应税项目所占的比例及不同的税率填入下期申报表中的第 5 栏"其他"中。

17. 本填表说明表列未列出的栏目在《营业税纳税申报表（适用于查账征收的营业税纳税人）填表说明中相应栏目的文字说明，运算公式已在本表各栏目下注明。

3. 营业税纳税申报表附表——服务业营业税纳税申报表

服务业营业税纳税申报表（适用于服务业营业税纳税人）

纳税人识别号：

纳税人名称：（公章）　　电脑代码：

税款所属时间：自　年　月　日至　年　月　日　　填表日期：　年　月　日　　金额单位：元（列至角分）

应税项目	行次	营业额					应税减除项目金额	应税营业额	免税收入	税率(%)	本期税款计算			期初欠缴税额	前期多缴税额	税款缴纳 本期已缴税额			本期应缴税额计算		
		前期多缴营业额				应税收入					小计	本期应纳税额	免(减)税额			小计	已缴本期应纳税额	本期已缴欠缴税额	小计	本期期末应缴税额	本期期末应缴欠缴税额
		小计	营业额冲减	事后审批减免	其他																
		2=3+4+5	3	4	5	1	6	7=1-6	8	9	10=11+12	11=7×9	12=8×9	13	14=2×9	15=16+17	16	17	18=19+20	19=11-14-16	20=13-17
旅店业	1																				
饮食业	2																				
旅游业	3																				
仓储业	4																				
租赁业	5																				
代理业	6																				
	7																				
	8																				
其他服务业	9																				
	10																				
	11																				
	12																				
合计	13																				

以下由税务机关填写：

受理人：　　　　　　　　　　　　受理税务机关（签章）

受理日期：　年　月　日

本表为A3横式，一式三份，一份纳税人留存，一份主管税务机关留存，一份征收部门留存。

《服务业营业税纳税申报表》填表说明

1. 本表适用于所有经主管税务机关核准实行简易申报方式以外的服务业以外的纳税人（以下简称纳税人）。

2. 本表"纳税人识别号"栏，填写税务机关为纳税人确定的识别号，即税务登记证号码。

3. 本表"纳税人名称"栏，填写纳税人单位名称全称，并加盖公章，不得填写简称。

4. 本表"电脑代码"栏，填写税务机关为纳税人确定的电脑编码。

5. 本表"税款所属时间"填写纳税人申报的营业税纳税额的所属时间，应填写具体的电脑编码。

6. 本表"填表日期"填写纳税人填写本表的具体日期。

7. 本表所有栏次数据均不包括本期纳税人经税人经税务机关、财政、审计部门检查的相关数据。

8. 本表第1栏"应税收入"填写纳税人本期取得的服务业应税劳务所取得的全部价款和价外费用。纳税人发生退款或因财务会计核算办法改变冲减营业额时，不在本栏次内填写。

9. 本表第4栏"事后审批减免"填写纳税人前期取得的营业额的营业额中，由于减免税额，与未抵扣完的税款对应的税额（参见本说明第16条）。

10. 本表第5栏"其他"应税减免减，在第3栏"营业额冲减"栏次内填写。

11. 本表第6栏"应税减除项目金额"应填写纳税人本期提供应税劳务所取得的服务业应税收入中按规定可减除的项目金额，分不同应税项目填写，该栏数据应根据《营业税应税减除项目汇总表》的汇总数据填报。

本栏各行次数据不得大于同行次下第1栏"应税收入"。

12. 本表第8栏"免税收入"填写纳税人本期取得的服务业应税收入中所含的不需税务机关审批可直接免缴税款的应税收入或已经税务机关批准的免税收入。对按再就业等政策实行定额减免的纳税人，在填报该栏时，可按适用税率换算成免税收入。

13. 本表第13栏"期初欠缴税额"填写截至本期（不含本期），纳税人经过纳税申报或报告，税务机关核定等确定的税款欠缴纳税款。

14. 本表第16栏"已缴本期应纳税额"填写纳税人已缴的本期应纳营业税。

15. 本表第17栏"本期缴欠税额"填写纳税人本期缴纳的前期欠税，包括本期缴纳的前期经过纳税申报或报告，批准延期缴纳期限未缴纳的税款或者税务机关核定的税款欠缴纳税款或者税务机关核定的税款欠缴纳税款，行政法规规定或者税务机关核定等确定应纳税额后，超过法律、行政法规规定，超过法律、行政法规规定缴纳期限未缴纳的税款。

16. 本表第19栏"本期期末应缴税额"填写纳税人本期末按照法律、行政法规规定的本期应纳税额，即未抵扣完的税款换算成营业额并按各应税项目所占的比例填入下期填入下期填报中相应栏目的第5栏"其他"中。

17. 本表填说明中出现的栏目目的文字说明参见《营业税纳税申报表》填表说明中相应栏目的文字说明，运算公式已在本表各栏目目下注明。

学习情境五
关税纳税实务

一、知识准备

熟悉货物的进口和出口的流程，掌握进口货物、出口货物的完税价格及关税的计算方法和报关单与关税专用缴款书的填写方法。

二、训练要求

1. 根据涉税资料1和涉税资料2，计算应缴纳的关税税额。

2. 根据涉税资料3，填写进(出)口货物报关单和进(出)口货物关税专用缴款书(已缴纳关税)。

3. 根据涉税资料，编制会计分录(要求不考虑增值税)。

三、训练资料

(一)企业基本情况

企业名称：湖南省××进出口公司　　　法人代表：刘明

企业税务登记代码：41022676086××××

进出口货物许可证号：432268××××

企业地址：湖南省长沙市××大道82号

注册资本：3 500万元　　　经营范围：产品进口、产品出口

企业开户银行及账号：中国建设银行长沙市××路支行　46766688856785××××

财务负责人：万金　　　报关员：吕霞

(二)涉税资料

1. 2014年6月8日从中国香港××有限责任公司进口一批录像机。批准文号为09003××××，进口关税税率为5%，当日的外汇牌价为USD100＝RMB623(附相关票证资料)。

××有限责任公司
香港××路28号××广场88室

_____

报价单

至湖南省××进出口公司　　　本公司档号：0967542××××　　　日期：2014年6月8日

货品说明：录像机	来源地：中国香港
数量：50台	包装：
单价：USD5 000	总金额：USD250 000
检验人	付运费：USD3 000
付款方式：信用证结算	有效期

备注：

××有限责任公司代表

授权签名

××有限责任公司
香港××路28号××广场88室

_____

商业发票

订货单编号：0876333××××	本公司档号：0967542××××
发票日期：2014年6月8日	发票编号：00760××××
付款条件：FOB价结算	计价货币：USD
买方：湖南省××进出口公司	付运费：USD3 000

货品说明	数量	单价	金额
录像机	50	USD5 000	USD250 000
总　　计			USD253 000

备注：

××有限责任公司代表

授权签名

××有限责任公司
香港××路28号××广场88室

装箱单

订货单编号：0876333××××	本公司档号：0967542××××
发票日期：2014年6月8日	发票编号：00760××××
买方：湖南省××进出口公司	运往：中国湖南长沙口岸
标志及货件编号：	

货品说明	净重	毛重	尺寸
录像机	200千克	280千克	5.69m×2.13m×2.18m
总计件数：1件			

备注：

××有限责任公司代表

授权签名

××保险有限公司

海运货物保险单

订货单编号：0876333××××	运输工具及名称：海运
投保人：湖南省××进出口公司	赔偿支付人：××保险有限公司
保险金额：USD253 000	保险费率：3‰
发货港：中国香港	所经港口/目的港：中国湖南长沙

承保内容：

条件：

根据1982年1月1日修订的协会货物条款（A）

根据1982年1月1日修订的协会货物条款（B）

根据1982年1月1日修订的协会货物条款（C）

根据1982年1月1日修订的协会货物条款（战争险）

根据1982年1月1日修订的协会货物条款（罢工险）

（一般条件和条款）

保险单签署地点日期：

投保地点：

备注：

××保险有限公司代表

授权签名

2. 2014 年 7 月 26 日出口鳗鱼苗,批准文号为 09002×××× ,出口关税税率为 10% ,当日的外汇牌价为 USD100 = RMB625(附相关票证资料)。

湖南省出口货物销售统一发票
HUNAN EXPORT SALES UNIFORM INVOICE

发票代码	43310007×××
发票号码	0006×××
合同号码	Contract No. 0433400×××
日期 Date	2014.06.08

记账联
COUNTERFOLL

装船口岸 From 长沙	目的地 To 美国
信用证号数 043458764565××× Letter of Credit No.	开户银行 中国建设银行长沙市××支行 Issued by

唛号 Marks and Nos	货名数量 Quantities and descriptions	单价 Unit Price	总值 Amount
鳗鱼苗	110 000	USD 1	USD110 000

开票单位(盖章):湖南省××进出口公司　　　　开票人:吕××

3. 进(出)口货物报关单和进(出)口货物关税专用缴款书。

中华人民共和国海关进口货物报关单

预录入编号:　　　　　　　　海关编号:

进口口岸	备案号		进口日期		申报日期
经营单位	运输方式		运输工具名称	提运单号	
收货单位	贸易方式		征免性质		征税比例
许可证号	起运国(地区)		装货港	境内目的地	
批准文号	成交方式	运费	保费	杂费	
合同协议号	件数	包装种类	毛重(公斤)	净重(公斤)	
集装箱号	随附单据			用途	
标记唛码及备注					

项号 商品编号 商品名称 规格型号 数量及单位 原产国(地区) 单价 总价 币制 征免

税费征收情况		海关审批注及放行日期(签章)
录入员 录入单位	兹声明以上申报无讹并承担法律责任	审单 审价
报关员		
单位地址	申报单位(签章)	征税 统计
邮编 电话	填制日期	查验 放行

海关进口关税专用缴款书(收据联)

收入系统: 　　　　填发日期: 年 月 日 　　　　No

收款单位	收入机关				缴款单位(人)	名称		第一联
	科目		预算级次			账号		
	收款国库					开户银行		
税号	货物名称	数量	单位	完税价格(¥)	税率	税款金额(¥)		
								国库收款签章后交缴款单位或缴款人
金额人民币(大写)						合计(¥)		
申请单位编号			报关单编号		填制单位	收款国库(银行)		
合同(批文)号			运输工具(号)		制单人 复核人 单证专用章	业务公章		
缴款期限			提/装货号					
备注	一般征税:							
	国际代码:							

从填发缴款书之日起限 15 日内缴纳(期末遇法定节假日顺延),逾期按日征收税款总额千分之一的滞纳金。

中华人民共和国海关出口货物报关单

预录入编号: 　　　　海关编号:

出口口岸	备案号		出口日期		申报日期
经营单位	运输方式		运输工具名称		提运单号
发货单位	贸易方式		征免性质		结汇方式
许可证号	运抵国(地区)		指运港		境内货源地
批准文号	成交方式	运费		保费	杂费
合同协议号	件数	包装种类		毛重(公斤)	净重(公斤)
集装箱号	随附单据			生产厂家	
标记唛码及备注					
商品编号　商品名称	数量及单位	最终目的国(地区)	单价　总价		币制　征免
税费征收情况			海关审批注及放行日期(签章)		
录入员　录入单位	兹声明以上申报无讹,并承担法律责任		审单　审价		
报关员 单位地址 邮编 电话	申报单位(签章) 填制日期		征税　统计		
			查验　放行		

海关出口关税专用缴款书(收据联)

收入系统：　　　　　填发日期：　年　月　日　　　　No

收款单位	收入机关			缴款单位(人)	名称		第一联 国库收款签章后交缴款单位或缴款人
	科目		预算级次		账号		
	收款国库				开户银行		
税号	货物名称	数量	单位	完税价格(￥)	税率	税款金额(￥)	
金额人民币(大写)						合计(￥)	
申请单位编号		报关单编号			填制单位	收款国库(银行)	
合同(批文)号		运输工具(号)			制单人 复核人 单　证 专用章	业务公章	
缴款期限		提/装货号					
备注	一般征税： 国际代码：						

从填发缴款书之日起限 15 日内缴纳(期末遇法定节假日顺延)，逾期按日征收税款总额千分之一的滞纳金。

资源税类纳税实务

一、知识准备

熟悉和掌握土地增值税的计税依据、税率、税收优惠、纳税期限、纳税地点和申报缴纳及会计处理等。

二、训练要求

1. 根据涉税资料计算应缴纳的土地增值税并编制会计分录。
2. 填写土地增值税纳税申报表。

三、训练资料

(一)企业基本情况

企业名称：武汉××房地产开发公司　　　法人代表：刘涛

企业税务登记代码：42021676386××××

企业地址：武汉市××路82号

注册资本：20 000万元　　　经营范围：房地产开发　　　财务负责人：李红

企业开户银行及账号：中国建设银行××支行　46756588956785××××

(二)涉税项目

企业本期应纳土地增值税的项目鑫园小区，由普通住宅和非普通住宅构成。鑫园小区于2008年开工，2010年1月开始销售，12月销售完毕。2010年已预缴土地增值税370万元，已按销售收入计算缴纳营业税、城市维护建设税和教育费附加。根据税务机关要求，企业于2011年1月20日对该项目进行土地增值税清算申报。普通住宅和非普通住宅的收入、成本资料如下：

1. 普通住宅

销售收入10 000万元，土地价款和其他开发成本共计7 600万元，其中：

土地价款2 200万元，前期工程费200万元，建筑安装工程费3 800万元，基础设施费1 000万元，公共配套设施费300万元，开发间接费用100万元。

2. 非普通住宅

销售收入160 000万元，土地价款和其他开发成本共计9 000万元，其中：

土地价款2 800万元，前期工程费200万元，建筑安装工程费4 200万元，基础设施费1 300万元，公共配套设施费400万元，开发间接费用100万元。

3. 借款

建设期间，共借款5 000万元，其利息未能合理分摊。

(三)训练操作表格

土地增值税清算申报表

(从事房地产开发的纳税人适用)

清算期间：　年　月　日至　　年　月　日　　　　　　填表日期：　年　月　日

项目纳税流水号：　　　　　　　　　　　　　　　　　　　　　金额单位：人民币元

纳税人名称			纳税人识别号			
项目名称			项目地址			
项　　　　　目		行次	普通标准住宅金额	非普通标准住宅金额	非住宅类金　额
一、转让房地产收入总额　1＝2＋3		1			
其中	货币收入	2			
	实物收入及其他收入	3			
二、扣除项目金额合计 4＝5＋6＋13＋16＋20		4			
1. 取得土地使用权所支付的金额		5			
2. 房地产开发成本 6＝7＋8＋9＋10＋11＋12		6			
其中	土地征用及拆迁补偿费	7			
	前期工程费	8			
	建筑安装工程费	9			
	基础设施费	10			
	公共配套设施费	11			
	开发间接费用	12			
3. 房地产开发费用　13＝14＋15		13			
其中	利息支出	14			
	其他房地产开发费用	15			
4. 与转让房地产有关的税金等 16≥17＋18＋19		16			
其中	营业税	17			
	城市维护建设税	18			
	教育费附加	19			
5. 财政部规定的其他扣除项目		20			
三、增值额　21＝1－4		21			
四、增值额与扣除项目金额之比(%)22＝21÷4		22			
五、适用税率(%)		23			
六、速算扣除系数(%)		24			
七、应缴土地增值税税额　25＝21×23－4×24		25			
八、已缴土地增值税税额		26			
九、应补(退)土地增值税税额　27＝25－26		27			

授权代理人	(如果你已委托代理申报人,请填写下列资料)为代理一切税务事宜,现授权＿＿＿(地址)＿＿＿为本纳税人的代理申报人,任何与本报表有关的来往文件都可寄与此人。 授权人签字:＿＿＿＿＿	声明	我声明:此纳税申报表是根据《中华人民共和国土地增值税暂行条例》及其《实施细则》的规定填报的。我确信它是真实的、可靠的、完整的。 声明人签字:＿＿＿＿＿
纳税人签　章		法人代表签　章	经办人员(代理申报人)签章　　　备注

填 表 说 明

一、适用范围

适用凡从事房地产开发并转让的土地增值税纳税人。其转让已经完成开发的房地产并取得转让收入，或者是预售正在开发的房地产并取得预售收入的，应按照税法和本表要求，根据税务机关确定的申报时间，定期向主管税务机关填报土地增值税清算申报表。

二、主要项目填表说明

(一)表头项目

1. 纳税人识别号：指从事房地产开发纳税人的税务登记证号。

2. 项目纳税流水号：按税务机关编制的代码填写。

3. 项目名称：填写纳税人所开发并转让的房地产开发项目全称。

(二)表中项目

土地增值税清算申报表中各主要项目内容，应根据土地增值税的基本计税单位作为填报对象。纳税人如果既从事普通标准住宅开发，又进行其他房地产开发，应分列填写申报表。

1. 表第1栏"转让房地产收入总额"，按纳税人在转让房地产开发项目所取得的全部收入额填写。

2. 表第2栏"货币收入"，按纳税人转让房地产开发项目所取得的货币形态的收入额填写。

3. 表第3栏"实物收入及其他收入"，按纳税人转让房地产开发项目所取得的实物形态的收入和无形资产等其他形式的收入额填写。

4. 表第5栏"取得土地使用权所支付的金额"，按纳税人为取得该房地产开发项目所需要的土地使用权而实际支付(补交)的土地出让金(地价款)及按国家统一规定缴纳的有关费用的数额填写。

5. 表第7栏至表第12栏，应根据《实施细则》规定的从事房地产开发所实际发生的各项开发成本的具体数额填写。要注意，如果有些房地产开发成本属于整个房地产项目，而该项目同时包含了两个或两个以上的计税单位，要对该成本在各计税项目之间按一定比例进行分摊。

6. 表第14栏"利息支出"，按纳税人进行房地产开发实际发生的利息支出中符合《实施细则》第七条(三)规定的数额填写。如果不单独计算利息支出，则本栏数额填写为"0"。

7. 表第15栏"其他房地产开发费用"，应根据《实施细则》第七条(三)的规定填写。

8. 表第17栏至表第19栏，按纳税人转让房地产时所实际缴纳的税金数额填写。

9. 表第20栏"财政部规定的其他扣除项目"，是指根据《土地增值税暂行条例》和《实施细则》等有关规定所确定的财政部规定的扣除项目的合计数。

10. 表第23栏"适用税率"，应根据《土地增值税暂行条例》规定的四级超率累进税率，按所适用的最高一级税率填写；如果纳税人建造普通标准住宅出售，增值额未超过扣除项目金额20%，则本栏填写"0"。

11. 表第24栏"速算扣除系数"，应根据《实施细则》第十条的规定找出相关速算扣除系数来填写。

12. 表第26栏"已缴土地增值税税额"，按纳税人已经缴纳的土地增值税的数额填写。

财产税类纳税实务

一、知识准备

熟悉和掌握车船税和房产税的征税范围、计税依据、税率、纳税期限、纳税地点和纳税申报表的填写及涉税业务会计处理等知识。

二、训练要求

1. 根据涉税资料计算武汉××物流有限公司 2014 年应纳车船税和房产税税额，并编制会计分录。

2. 填写 2014 年地方税(费)综合纳税申报表(不考虑已纳税额)。

三、训练资料

(一)企业基本情况

纳税人名称：××物流有限公司　　　地址：武汉市××区××路

登记注册类型：有限责任公司　　　经营范围：物流

纳税识别号：42060675701××××

开户银行：中国农业银行××支行　　　账号：176720700920002××××

车船税、房产税按年计算，分月预缴。

(二)涉税资料

1. ××物流有限公司 2014 年拥有 2 吨载货汽车 2 辆，1.4 吨客货两用车 5 辆，客车 2 辆。载货汽车年税额 20 元/吨，客车年税额 200 元/辆。

2. ××物流有限公司 2014 年共有房屋原值 1 000 万元。其中生产经营用房 900 万元(含 2014 年 10 月购买房屋两间 160 万元)；其余出租，每月收取租金 1 万元。根据规定房产原值减除率为 30%。

(三)训练操作表格

<table>
<tr><th colspan="11">地方税(费)综合纳税申报表</th></tr>
<tr><td colspan="5">纳税人名称(公章):　　纳税人管理码:</td><td colspan="6">申报日期:　年 月 日　　金额单位:元(列至角分)</td></tr>
<tr><td>税种</td><td>税目</td><td>应税项目</td><td>税款所属期</td><td>计税总值或计税数量</td><td>税(费)率(预征率、征收率、单位税额)</td><td>应纳税(费)额</td><td>减免、扣、抵、缓缴税(费)额</td><td>已纳税(费)额</td><td colspan="2">本期应缴税(费)额</td></tr>
<tr><td></td><td></td><td></td><td></td><td></td><td></td><td></td><td></td><td></td><td colspan="2"></td></tr>
<tr><td></td><td></td><td></td><td></td><td></td><td></td><td></td><td></td><td></td><td colspan="2"></td></tr>
<tr><td></td><td></td><td></td><td></td><td></td><td></td><td></td><td></td><td></td><td colspan="2"></td></tr>
<tr><td></td><td></td><td></td><td></td><td></td><td></td><td></td><td></td><td></td><td colspan="2"></td></tr>
<tr><td></td><td></td><td></td><td></td><td></td><td></td><td></td><td></td><td></td><td colspan="2"></td></tr>
<tr><td></td><td></td><td></td><td></td><td></td><td></td><td></td><td></td><td></td><td colspan="2"></td></tr>
<tr><td colspan="6">合　　　计</td><td></td><td></td><td></td><td colspan="2"></td></tr>
<tr><td colspan="2">开户银行</td><td colspan="4"></td><td colspan="2">银行账号</td><td colspan="3"></td></tr>
<tr><td colspan="6">说明:本表适用于纳税人向主管税务机关申报除企业所得税、个人所得税外的其他地方税(费)。本表一式三份,税务机关两份,纳税人一份。</td><td colspan="5">受理人:　　　　年 月 日

审核人:　　　　年 月 日</td></tr>
<tr><td colspan="4">法人代表(签章):</td><td colspan="3">办税员或税务代理人:</td><td colspan="4">受理税务机关(章):</td></tr>
</table>

行为税类纳税实务

一、知识准备

熟悉和掌握印花税征税范围、税率、纳税期限、纳税地点和印花税应纳税额的计算、纳税申报表的填写及印花税应纳税额的会计处理等知识。

二、训练要求

1. 根据涉税资料计算本期应纳印花税额。

2. 填写印花税纳税申报表(除账簿应纳税额未缴纳外,其他均已缴纳)。

三、训练资料

(一)企业基本情况

企业名称:武汉××有限公司　　　法人代表:李新

企业税务登记证号:420102177799××××

企业类型:有限责任公司　　　注册资本:320万元　　　经营范围:工艺品加工销售

企业地址:武汉市××区××路××号

企业开户银行:中国银行武汉市××支行　　　账号:9556662160000000××××

(二)涉税资料

公司于2014年4月开业,当年发生印花税应税项目如下:

1. 领受工商营业执照、房屋产权证、土地使用证、专利证各一份;

2. 建账时共设10个账簿,其中资金账簿中记载实收资本320万元;

3. 签订购销合同5份,共记载金额400万元;

4. 签订借款合同1份,记载金额100万元,当年取得借款利息3万元;

5. 与广告公司签订广告制作合同1份,分别记载加工费5万元,本企业提供的原材料10万元;

6. 签订技术服务合同1份,记载金额80万元;

7. 签订租赁合同1份,记载租赁费金额60万元;

8. 签订转让专有技术使用权合同1份,记载金额200万元。

(三)训练表格

印花税纳税申报表

纳税人识别号 □□□□□□□□□□□□□□□

纳税人名称：(公章)

税款所属期限：自　　年　　月　　日至　　年　　月　　日

填表日期：　　年　　月　　日　　　　　　　　　　　　　金额单位：元(列至角分)

应税凭证	计税金额或件数	适用税率	核定征收		本期应纳税额	本期已缴税额	本期应补(退)税额
			核定依据	核定比例			
	1	2	3	4	$5=1×2+2×3×4$	6	$7=5-6$
购销合同		0.3‰					
加工承揽合同		0.5‰					
建设工程勘察设计合同		0.5‰					
建筑安装工程承包合同		0.3‰					
财产租赁合同		1‰					
货物运输合同		0.5‰					
仓储保管合同		1‰					
借款合同		0.05‰					
财产保险合同		1‰					
技术合同		0.3‰					
产权转移书据		0.5‰					
营业账簿(记载资金的账簿)		0.5‰	——	——			
营业账簿(其他账簿)		5	——	——			
权利、许可证照		5	——	——			
合计	——						

纳税人或代理人声明： 此纳税申报表是根据国家税收法律的规定填报的，我确信它是真实的、可靠的、完整的。	如纳税人填报，由纳税人填写以下各栏		
	经办人(签章)	会计主管(签章)	法定代表人(签章)
	如委托代理人填报，由代理人填写以下各栏		
	代理人名称		代理人(公章)
	经办人(签章)		
	联系电话		

以下由税务机关填写

受理人		受理日期		受理税务机关(签章)	

填 表 说 明

1. 纳税人识别号是办理税务登记时由税务机关确定的税务登记号。

2. "应税凭证名称"按合同适用的印花税税目填写。

3. "计税金额"应填写印花税的计税依据。如货物运输合同，其金额要将装卸费剔除。

4. 核定依据指采用核定方式征收印花税的应税凭证所对应的费用、收入金额。如购销合同对应采购金额、销售收入；加工承揽合同对应加工承揽金额；建筑安装承包合同对应承包金额等。

5. 对于购、销业务量较大的纳税人，在此申报表后需附《购、销合同编号目录》。

6. "已缴税额"反映本月已贴花的税额，或以缴款书缴纳的印花税税额。

企业所得税纳税实务

一、知识准备

熟悉和掌握企业所得税应纳税所得额的计算、应纳所得税额的计算、税收优惠、纳税期限、纳税地点和纳税申报的要求与规定及应纳所得税额的会计处理。

二、训练要求

1. 计算××制造企业2014年应纳企业所得税额并编制会计分录。
2. 填写企业所得税申报表及相关附表。

三、训练资料

(一) 涉税资料

××制造企业的从业人数达120人,资产总额3 500万元。2014年度会计核算相关数据如下:

有关科目本年度发生额汇总表

单位:元

科目代码	科目名称	本年累计发生额(借方)	本年累计发生额(贷方)	备 注
211	应付职工薪酬	3 583 999.36	3 647 927.43	
211001	工资	1 645 511.18	1 654 556.58	
211002	福利	202 796.16	242 796.16	
211003	社保	1 692 781.8	1 692 781.8	
211004	工会经费	22 910.22	32 910.22	已经取得上缴工会经费凭据
211005	教育经费	20 000	24 882.67	
221007	应交税金——企业所得税	45 396.73	45 396.73	为本年度预缴
501	主营业务收入	47 802 889.78	47 802 889.78	
502	主营业务成本	40 884 603.68	40 884 603.68	
503	销售费用	1 172 392.97	1 172 392.97	

续表

科目代码	科目名称	本年累计发生额(借方)	本年累计发生额(贷方)	备　注
503001	运费	38 483.76	38 483.76	
503002	差旅费	326 107.98	326 107.98	
503003	邮电费	20 383.3	20 383.3	
503004	其他	10 007	10 007	
503006	招待费	217 091.8	217 091.8	
503007	广告宣传费	75 584.45	75 584.45	
503010	诉讼费	58 213	58 213	
503016	车辆费	426 521.68	426 521.68	
504	营业税金及附加	180 460.86	180 460.86	
521	管理费用	3 366 782.62	3 366 782.62	
521001	招待费	9 566	9 566	
521002	车辆费	44 776.34	44 776.34	
521003	邮电费	14 178.5	14 178.5	
521004	办公费	22 485.3	22 485.3	
521005	其他	9 911.01	9 911.01	
521006	工资	682 528.37	682 528.37	
521007	差旅费	24 087	24 087	
521008	工建维修	8 435	8 435	
521009	水电	23 291.14	23 291.14	
521010	折旧费	183 954.57	183 954.57	与税法规定无差异
521011	无形资产摊销	139 142.48	139 142.48	与税法规定无差异
521012	福利费	132 796.16	132 796.16	
521014	提取工会经费	21 840.6	21 840.6	
521015	提取教育经费	12 599.6	12 599.6	
521016	社保	692 781.8	692 781.8	
521017	印花税	16 269.25	16 269.25	
521018	防汛费	832	832	
521020	报刊费	410	410	
521021	审计费	10 105	10 105	
521022	信息服务费	550	550	

续表

科目 代码	科目名称	本年累计 发生额(借方)	本年累计 发生额(贷方)	备　注
521023	土地使用税	21 630.8	21 630.8	
521027	新技术研究开发费用	1 294 611.7	1 294 611.7	
522	财务费用	1 870 779.01	1 870 779.01	
522001	手续费	306 390.58	306 390.58	
522002	利息收入	−10 274.2	−10 274.2	
522006	贷款利息	1 574 662.63	1 574 662.63	
541	营业外收入	1 115 133.79	1 115 133.79	政府补助利得
542	营业外支出	9 967.3	9 967.3	
542001	罚款	9 967.3	9 967.3	

(二) 训练操作表格

1. 企业所得税年度纳税申报表(A100000)

中华人民共和国企业所得税年度纳税申报表(A 类)

行次	类别	项　目	金　额
1	利润总额计算	一、营业收入(填写 A101010\ 101020\ 103000)	
2		减:营业成本(填写 A102010\ 102020\ 103000)	
3		营业税金及附加	
4		销售费用(填写 A104000)	
5		管理费用(填写 A104000)	
6		财务费用(填写 A104000)	
7		资产减值损失	
8		加:公允价值变动收益	
9		投资收益	
10		二、营业利润(1−2−3−4−5−6−7+8+9)	
11		加:营业外收入(填写 A101010\ 101020\ 103000)	
12		减:营业外支出(填写 A102010\ 102020\ 103000)	
13		三、利润总额(10+11−12)	

行次	类别	项　目	金　额
14	应纳税所得额计算	减：境外所得(填写 A108010)	
15		加：纳税调整增加额(填写 A105000)	
16		减：纳税调整减少额(填写 A105000)	
17		减：免税、减计收入及加计扣除(填写 A107010)	
18		加：境外应税所得抵减境内亏损(填写 A108000)	
19		四、纳税调整后所得(13-14+15-16-17+18)	
20		减：所得减免(填写 A107020)	
21		减：抵扣应纳税所得额(填写 A107030)	
22		减：弥补以前年度亏损(填写 A106000)	
23		五、应纳税所得额(19-20-21-22)	
24	应纳税额计算	税率(25%)	
25		六、应纳所得税额(23×24)	
26		减：减免所得税额(填写 A107040)	
27		减：抵免所得税额(填写 A107050)	
28		七、应纳税额(25-26-27)	
29		加：境外所得应纳所得税额(填写 A108000)	
30		减：境外所得抵免所得税额(填写 A108000)	
31		八、实际应纳所得税额(28+29-30)	
32		减：本年累计实际已预缴的所得税额	
33		九、本年应补(退)所得税额(31-32)	
34		其中：总机构分摊本年应补(退)所得税额(填写 A109000)	
35		财政集中分配本年应补(退)所得税额(填写 A109000)	
36		总机构主体生产经营部门分摊本年应补(退)所得税额(填写 A109000)	
37	附列资料	以前年度多缴的所得税额在本年抵减额	
38		以前年度应缴未缴在本年入库所得税额	

2. 企业所得税年度纳税申报表附表收入明细表(A101010)

一般企业收入明细表

行次	项 目	金 额
1	一、营业收入(2+9)	
2	(一)主营业务收入(3+5+6+7+8)	
3	1. 销售商品收入	
4	其中:非货币性资产交换收入	
5	2. 提供劳务收入	
6	3. 建造合同收入	
7	4. 让渡资产使用权收入	
8	5. 其他	
9	(二)其他业务收入(10+12+13+14+15)	
10	1. 销售材料收入	
11	其中:非货币性资产交换收入	
12	2. 出租固定资产收入	
13	3. 出租无形资产收入	
14	4. 出租包装物和商品收入	
15	5. 其他	
16	二、营业外收入(17+18+19+20+21+22+23+24+25+26)	
17	(一)非流动资产处置利得	
18	(二)非货币性资产交换利得	
19	(三)债务重组利得	
20	(四)政府补助利得	
21	(五)盘盈利得	
22	(六)捐赠利得	
23	(七)罚没利得	
24	(八)确实无法偿付的应付款项	
25	(九)汇兑收益	
26	(十)其他	

3. 企业所得税年度纳税申报表附表成本支出明细表(A102010)

一般企业成本支出明细表

行次	项　目	金　额
1	一、营业成本(2+9)	
2	（一）主营业务成本(3+5+6+7+8)	
3	1. 销售商品成本	
4	其中：非货币性资产交换成本	
5	2. 提供劳务成本	
6	3. 建造合同成本	
7	4. 让渡资产使用权成本	
8	5. 其他	
9	（二）其他业务成本(10+12+13+14+15)	
10	1. 材料销售成本	
11	其中：非货币性资产交换成本	
12	2. 出租固定资产成本	
13	3. 出租无形资产成本	
14	4. 包装物出租成本	
15	5. 其他	
16	二、营业外支出(17+18+19+20+21+22+23+24+25+26)	
17	（一）非流动资产处置损失	
18	（二）非货币性资产交换损失	
19	（三）债务重组损失	
20	（四）非常损失	
21	（五）捐赠支出	
22	（六）赞助支出	
23	（七）罚没支出	
24	（八）坏账损失	
25	（九）无法收回的债券股权投资损失	
26	（十）其他	

4. 企业所得税年度纳税申报表附表期间费用明细表(A104000)

期间费用明细表

行次	项　　目	销售费用	其中：境外支付	管理费用	其中：境外支付	财务费用	其中：境外支付
		1	2	3	4	5	6
1	一、职工薪酬		*		*	*	*
2	二、劳务费					*	*
3	三、咨询顾问费					*	*
4	四、业务招待费		*		*	*	*
5	五、广告费和业务宣传费		*		*	*	*
6	六、佣金和手续费						
7	七、资产折旧摊销费		*		*	*	*
8	八、财产损耗、盘亏及毁损损失		*		*	*	*
9	九、办公费		*		*	*	*
10	十、董事会费		*		*	*	*
11	十一、租赁费					*	*
12	十二、诉讼费		*		*	*	*
13	十三、差旅费		*		*	*	*
14	十四、保险费		*		*	*	*
15	十五、运输、仓储费					*	*
16	十六、修理费					*	*
17	十七、包装费		*		*	*	*
18	十八、技术转让费					*	*
19	十九、研究费用					*	*
20	二十、各项税费		*		*	*	*
21	二十一、利息收支	*	*	*	*		
22	二十二、汇兑差额	*	*	*	*		
23	二十三、现金折扣	*	*	*	*		*
24	二十四、其他						
25	合计(1+2+3+…+24)						

5. 企业所得税年度纳税申报表附表纳税调整项目明细表(A105000)

纳税调整项目明细表

行次	项　　目	账载金额	税收金额	调增金额	调减金额
		1	2	3	4
1	一、收入类调整项目(2+3+4+5+6+7+8+10+11)	＊	＊		
2	（一）视同销售收入(填写 A105010)	＊			＊
3	（二）未按权责发生制原则确认的收入(填写 A105020)				
4	（三）投资收益(填写 A105030)				
5	（四）按权益法核算长期股权投资对初始投资成本调整确认收益	＊	＊	＊	
6	（五）交易性金融资产初始投资调整	＊	＊		＊
7	（六）公允价值变动净损益		＊		
8	（七）不征税收入	＊	＊		
9	其中：专项用途财政性资金(填写 A105040)	＊	＊		
10	（八）销售折扣、折让和退回				
11	（九）其他				
12	二、扣除类调整项目(13+14+15+16+17+18+19+20+21+22+23+24+26+27+28+29)	＊	＊		
13	（一）视同销售成本(填写 A105010)	＊		＊	
14	（二）职工薪酬(填写 A105050)				
15	（三）业务招待费支出				＊
16	（四）广告费和业务宣传费支出(填写 A105060)	＊	＊		
17	（五）捐赠支出(填写 A105070)				＊
18	（六）利息支出				
19	（七）罚金、罚款和被没收财物的损失		＊		＊
20	（八）税收滞纳金、加收利息		＊		＊
21	（九）赞助支出		＊		＊

续表

行次	项　目	账载金额	税收金额	调增金额	调减金额
22	（十）与未实现融资收益相关在当期确认的财务费用				
23	（十一）佣金和手续费支出				*
24	（十二）不征税收入用于支出所形成的费用	*	*		*
25	其中：专项用途财政性资金用于支出所形成的费用（填写A105040）	*	*		*
26	（十三）跨期扣除项目				
27	（十四）与取得收入无关的支出		*		*
28	（十五）境外所得分摊的共同支出	*	*		*
29	（十六）其他				
30	三、资产类调整项目（31+32+33+34）	*	*		
31	（一）资产折旧、摊销（填写A105080）				
32	（二）资产减值准备金		*		
33	（三）资产损失（填写A105090）				
34	（四）其他				
35	四、特殊事项调整项目（36+37+38+39+40）	*	*		
36	（一）企业重组（填写A105100）				
37	（二）政策性搬迁（填写A105110）	*	*		
38	（三）特殊行业准备金（填写A105120）				
39	（四）房地产开发企业特定业务计算的纳税调整额（填写A105010）	*			
40	（五）其他	*	*		
41	五、特别纳税调整应税所得	*	*		
42	六、其他	*	*		
43	合计（1+12+30+35+41+42）	*	*		

申报表填写说明如下：

A100000《中华人民共和国企业所得税年度纳税申报表（A类）》填报说明

　　本表为年度纳税申报表主表，企业应该根据《中华人民共和国企业所得税法》及其实施条例（以下简称税法）、相关税收政策，以及国家统一会计制度（企业会计准则、小企业会计准则、企业会计制度、事业单位会计准则和民间非营利组织会计制度等)的规定,计算填报纳税人利润总额、应纳税所得额、应纳税额和附列资料等有关项目。

企业在计算应纳税所得额及应纳所得税时,企业财务、会计处理办法与税法规定不一致的,应当按照税法规定计算。税法规定不明确的,在没有明确规定之前,暂按企业财务、会计规定计算。

一、有关项目填报说明

(一)表体项目

本表是在纳税人会计利润总额的基础上,加减纳税调整等金额后计算出"纳税调整后所得"(应纳税所得额)。会计与税法的差异(包括收入类、扣除类、资产类等差异)通过《纳税调整项目明细表》(A105000)集中填报。

本表包括利润总额计算、应纳税所得额计算、应纳税额计算、附列资料四个部分。

1."利润总额计算"中的项目,按照国家统一会计制度口径计算填报。实行企业会计准则、小企业会计准则、企业会计制度、分行业会计制度纳税人其数据直接取自利润表;实行事业单位会计准则的纳税人其数据取自收入支出表;实行民间非营利组织会计制度纳税人其数据取自业务活动表;实行其他国家统一会计制度的纳税人,根据本表项目进行分析填报。

2."应纳税所得额计算"和"应纳税额计算"中的项目,除根据主表逻辑关系计算的外,通过附表相应栏次填报。

(二)行次说明

第1~13行参照企业会计准则利润表的说明编写。

1. 第1行"营业收入":填报纳税人主要经营业务和其他经营业务取得的收入总额。本行根据"主营业务收入"和"其他业务收入"的数额填报。一般企业纳税人通过《一般企业收入明细表》(A101010)填报;金融企业纳税人通过《金融企业收入明细表》(A101020)填报;事业单位、社会团体、民办非企业单位、非营利组织等纳税人通过《事业单位、民间非营利组织收入、支出明细表》(A103000)填报。

2. 第2行"营业成本"项目:填报纳税人主要经营业务和其他经营业务发生的成本总额。本行根据"主营业务成本"和"其他业务成本"的数额填报。一般企业纳税人通过《一般企业成本支出明细表》(A102010)填报;金融企业纳税人通过《金融企业支出明细表》(A102020)填报;事业单位、社会团体、民办非企业单位、非营利组织等纳税人,通过《事业单位、民间非营利组织收入、支出明细表》(A103000)填报。

3. 第3行"营业税金及附加":填报纳税人经营活动发生的营业税、消费税、城市维护建设税、资源税、土地增值税和教育费附加等相关税费。本行根据纳税人相关会计科目填报。纳税人在其他会计科目核算的本行不得重复填报。

4. 第4行"销售费用":填报纳税人在销售商品和材料、提供劳务的过程中发生的各种费用。本行通过《期间费用明细表》(A104000)中对应的"销售费用"填报。

5. 第5行"管理费用":填报纳税人为组织和管理企业生产经营发生的管理费用。本行通过《期间费用明细表》(A104000)中对应的"管理费用"填报。

6. 第6行"财务费用":填报纳税人为筹集生产经营所需资金等发生的筹资费用。本行通过《期间费用明细表》(A104000)中对应的"财务费用"填报。

7. 第7行"资产减值损失":填报纳税人计提各项资产准备发生的减值损失。本行根据企业"资产减值损失"科目上的数额填报。实行其他会计准则等的比照填报。

8. 第8行"公允价值变动收益":填报纳税人在初始确认时划分为以公允价值计量且其变动计入当期损益的金融资产或金融负债(包括交易性金融资产或负债,直接指定为以公允价值计量且其变动计入当期损益的金融资产或金融负债),以及采用公允价值模式计量的投资性房地产、衍生工具和套期业务中公允价值变动形成的应计入当期损益的得利或损失。本行根据企业"公允价值变动损益"科目的数额填报(损失以"负"号填列)。

9. 第9行"投资收益"：填报纳税人以各种方式对外投资确认所取得的收益或发生的损失。根据企业"投资收益"科目的数额计算填报；实行事业单位会计准则的纳税人根据"其他收入"科目中的投资收益金额分析填报(损失以"负"号填列)。实行其他会计准则等的比照填报。

10. 第10行"营业利润"：填报纳税人当期的营业利润。根据上述项目计算填列。

11. 第11行"营业外收入"：填报纳税人取得的与其经营活动无直接关系的各项收入的金额。一般企业纳税人通过《一般企业收入明细表》(A101010)填报；金融企业纳税人通过《金融企业收入明细表》(A101020)填报；实行事业单位会计准则或民间非营利组织会计制度的纳税人通过《事业单位、民间非营利组织收入、支出明细表》(A103000)填报。

12. 第12行"营业外支出"：填报纳税人发生的与其经营活动无直接关系的各项支出的金额。一般企业纳税人通过《一般企业成本支出明细表》(A102010)填报；金融企业纳税人通过《金融企业支出明细表》(A102020)填报；实行事业单位会计准则或民间非营利组织会计制度的纳税人通过《事业单位、民间非营利组织收入、支出明细表》(A103000)填报。

13. 第13行"利润总额"：填报纳税人当期的利润总额。根据上述项目计算填列。

14. 第14行"境外所得"：填报纳税人发生的分国(地区)别取得的境外税后所得计入利润总额的金额。填报《境外所得纳税调整后所得明细表》(A108010)第14列减去第11列的差额。

15. 第15行"纳税调整增加额"：填报纳税人会计处理与税收规定不一致，进行纳税调整增加的金额。本行通过《纳税调整项目明细表》(A105000)"调增金额"列填报。

16. 第16行"纳税调整减少额"：填报纳税人会计处理与税收规定不一致，进行纳税调整减少的金额。本行通过《纳税调整项目明细表》(A105000)"调减金额"列填报。

17. 第17行"免税、减计收入及加计扣除"：填报属于税法规定免税收入、减计收入、加计扣除金额。本行通过《免税、减计收入及加计扣除优惠明细表》(A107010)填报。

18. 第18行"境外应税所得抵减境内亏损"：填报纳税人根据税法规定，选择用境外所得抵减境内亏损的数额。本行通过《境外所得税收抵免明细表》(A108000)填报。

19. 第19行"纳税调整后所得"：填报纳税人经过纳税调整、税收优惠、境外所得计算后的所得额。

20. 第20行"所得减免"：填报属于税法规定所得减免金额。本行通过《所得减免优惠明细表》(A107020)填报，本行<0时，填写负数。

21. 第21行"抵扣应纳税所得额"：填报根据税法规定应抵扣的应纳税所得额。本行通过《抵扣应纳税所得额明细表》(A107030)填报。

22. 第22行"弥补以前年度亏损"：填报纳税人按照税法规定可在税前弥补的以前年度亏损的数额，本行根据《企业所得税弥补亏损明细表》(A106000)填报。

23. 第23行"应纳税所得额"：金额等于本表第19-20-21-22行计算结果。本行不得为负数。本表第19行或者按照上述行次顺序计算结果本行为负数，本行金额填零。

24. 第24行"税率"：填报税法规定的税率25%。

25. 第25行"应纳所得税额"：金额等于本表第23×24行。

26. 第26行"减免所得税额"：填报纳税人按税法规定实际减免的企业所得税额。本行通过《减免所得税优惠明细表》(A107040)填报。

27. 第27行"抵免所得税额"：填报企业当年的应纳所得税额中抵免的金额。本行通过《税额抵免优惠明细表》(A107050)填报。

28. 第28行"应纳税额"：金额等于本表第25-26-27行。

29. 第29行"境外所得应纳所得税额"：填报纳税人来源于中国境外的所得，按照我国税法规定计算的应纳所得税额。本行通过《境外所得税收抵免明细表》(A108000)填报。

30. 第30行"境外所得抵免所得税额"：填报纳税人来源于中国境外所得依照中国境外税收法律以及相关规定应缴纳并实际缴纳(包括视同已实际缴纳)的企业所得税性质的税款(准予抵免税款)。本行通过《境外所得税收抵免明细表》(A108000)填报。

31. 第31行"实际应纳所得税额"：填报纳税人当期的实际应纳所得税额。金额等于本表第28+29-30行。

32. 第32行"本年累计实际已预缴的所得税额"：填报纳税人按照税法规定本纳税年度已在月(季)度累计预缴的所得税额，包括按照税法规定的特定业务已预缴(征)的所得税额，建筑企业总机构直接管理的跨地区设立的项目部按规定向项目所在地主管税务机关预缴的所得税额。

33. 第33行"本年应补(退)的所得税额"：填报纳税人当期应补(退)的所得税额。金额等于本表第31-32行。

34. 第34行"总机构分摊本年应补(退)所得税额"：填报汇总纳税的总机构按照税收规定在总机构所在地分摊本年应补(退)所得税款。本行根据《跨地区经营汇总纳税企业年度分摊企业所得税明细表》(A109000)填报。

35. 第35行"财政集中分配本年应补(退)所得税额"：填报汇总纳税的总机构按照税收规定财政集中分配本年应补(退)所得税款。本行根据《跨地区经营汇总纳税企业年度分摊企业所得税明细表》(A109000)填报。

36. 第36行"总机构主体生产经营部门分摊本年应补(退)所得税额"：填报汇总纳税的总机构所属的具有主体生产经营职能的部门按照税收规定应分摊的本年应补(退)所得税额。本行根据《跨地区经营汇总纳税企业年度分摊企业所得税明细表》(A109000)填报。

37. 第37行"以前年度多缴的所得税额在本年抵减额"：填报纳税人以前纳税年度汇算清缴多缴的税款尚未办理退税、并在本纳税年度抵缴的所得税额。

38. 第38行"以前年度应缴未缴在本年入库所得额"：填报纳税人以前纳税年度应缴未缴在本纳税年度入库所得税额。

二、表内、表间关系

(一)表内关系

1. 第10行=第1-2-3-4-5-6-7+8+9行。

2. 第13行=第10+11-12行。

3. 第19行=第13-14+15-16-17+18行。

4. 第23行=第19-20-21-22行。

5. 第25行=第23×24行。

6. 第28行=第25-26-27行。

7. 第31行=第28+29-30行。

8. 第33行=第31-32行。

(二)表间关系

1. 第1行=表A101010第1行或表A101020第1行或表A103000第2+3+4+5+6行或表A103000第11+12+13+14+15行。

2. 第2行=表A102010第1行或表A102020第1行或表A103000第19+20+21+22行或表A103000第25+26+27行。

3. 第4行=表A104000第25行第1列。

4. 第5行=表A104000第25行第3列。

5. 第6行=表A104000第25行第5列。

6. 第11行=表A101010第16行或表A101020第35行或表A103000第9行或第17行。

7. 第 12 行 = 表 A102010 第 16 行或表 A102020 第 33 行或表 A103000 第 23 行或第 28 行。

8. 第 14 行 = 表 A108010 第 10 行第 14 列−第 11 列。

9. 第 15 行 = 表 A105000 第 43 行第 3 列。

10. 第 16 行 = 表 A105000 第 43 行第 4 列。

11. 第 17 行 = 表 A107010 第 27 行。

12. 第 18 行 = 表 A108000 第 10 行第 6 列(当本表第 13−14+15−16−17 行≥0 时，本行 = 0)。

13. 第 20 行 = 表 A107020 第 40 行第 7 列。

14. 第 21 行 = 表 A107030 第 7 行。

15. 第 22 行 = 表 A106000 第 6 行第 10 列。

16. 第 26 行 = 表 A107040 第 29 行。

17. 第 27 行 = 表 A107050 第 7 行第 11 列。

18. 第 29 行 = 表 A108000 第 10 行第 9 列。

19. 第 30 行 = 表 A108000 第 10 行第 19 列。

20. 第 34 行 = 表 A109000 第 12+16 行。

21. 第 35 行 = 表 A109000 第 13 行。

22. 第 36 行 = 表 A109000 第 15 行。

A101010《一般企业收入明细表》填报说明

本表适用于执行除事业单位会计准则、非营利企业会计制度以外的其他国家统一会计制度的非金融居民纳税人填报。纳税人应根据国家统一会计制度的规定，填报"主营业务收入"、"其他业务收入"和"营业外收入"。

一、有关项目填报说明

1. 第 1 行"营业收入"：根据主营业务收入、其他业务收入的数额计算填报。

2. 第 2 行"主营业务收入"：根据不同行业的业务性质分别填报纳税人核算的主营业务收入。

3. 第 3 行"销售商品收入"：填报从事工业制造、商品流通、农业生产以及其他商品销售的纳税人取得的主营业务收入。房地产开发企业销售开发产品(销售未完工开发产品除外)取得的收入也在此行填报。

4. 第 4 行"其中：非货币性资产交换收入"：填报纳税人发生的非货币性资产交换按照国家统一会计制度应确认的主营业务收入。

5. 第 5 行"提供劳务收入"：填报纳税人从事建筑安装、修理修配、交通运输、仓储租赁、邮电通信、咨询经纪、文化体育、科学研究、技术服务、教育培训、餐饮住宿、中介代理、卫生保健、社区服务、旅游、娱乐、加工以及其他劳务活动取得的主营业务收入。

6. 第 6 行"建造合同收入"：填报纳税人建造房屋、道路、桥梁、水坝等建筑物，以及生产船舶、飞机、大型机械设备等取得的主营业务收入。

7. 第 7 行"让渡资产使用权收入"：填报纳税人在主营业务收入核算的，让渡无形资产使用权而取得的使用费收入以及出租固定资产、无形资产、投资性房地产取得的租金收入。

8. 第 8 行"其他"：填报纳税人按照国家统一会计制度核算、上述未列举的其他主营业务收入。

9. 第 9 行："其他业务收入"：填报根据不同行业的业务性质分别填报纳税人核算的其他业务收入。

10. 第 10 行"材料销售收入"：填报纳税人销售材料、下脚料、废料、废旧物资等取得的收入。

11. 第 11 行"其中：非货币性资产交换收入"：填报纳税人发生的非货币性资产交换按照国家统一会计制度应确认的其他业务收入。

12. 第 12 行"出租固定资产收入"：填报纳税人将固定资产使用权让与承租人获取的其他业务收入。

13. 第 13 行"出租无形资产收入"：填报纳税人让渡无形资产使用权取得的其他业务收入。

14. 第 14 行"出租包装物和商品收入"：填报纳税人出租、出借包装物和商品取得的其他业务收入。

15. 第 15 行"其他"：填报纳税人按照国家统一会计制度核算、上述未列举的其他业务收入。

16. 第 16 行"营业外收入"：填报纳税人计入本科目核算的与生产经营无直接关系的各项收入。

17. 第 17 行"非流动资产处置利得"：填报纳税人处置固定资产、无形资产等取得的净收益。

18. 第 18 行"非货币性资产交换利得"：填报纳税人发生非货币性资产交换应确认的净收益。

19. 第 19 行"债务重组利得"：填报纳税人发生的债务重组业务确认的净收益。

20. 第 20 行"政府补助利得"：填报纳税人从政府无偿取得货币性资产或非货币性资产应确认的净收益。

21. 第 21 行"盘盈利得"：填报纳税人在清查财产过程中查明的各种财产盘盈应确认的净收益。

22. 第 22 行"捐赠利得"：填报纳税人接受的来自企业、组织或个人无偿给予的货币性资产、非货币性资产捐赠应确认的净收益。

23. 第 23 行"罚没利得"：填报纳税人在日常经营管理活动中取得的罚款、没收收入应确认的净收益。

24. 第 24 行"确实无法偿付的应付款项"：填报纳税人因确实无法偿付的应付款项而确认的收入。

25. 第 25 行"汇兑收益"：填报纳税人取得企业外币货币性项目因汇率变动形成的收益应确认的收入（该项目为执行《小企业会计准则》企业填报）。

26. 第 26 行"其他"：填报纳税人取得的上述项目未列举的其他营业外收入，包括执行《企业会计准则》纳税人按权益法核算长期股权投资对初始投资成本调整确认的收益，执行《小企业会计准则》纳税人取得的出租包装物和商品的租金收入、逾期未退包装物押金收益等。

二、表内、表间关系

（一）表内关系

1. 第 1 行 = 第 2+9 行。

2. 第 2 行 = 第 3+5+6+7+8 行。

3. 第 9 行 = 第 10+12+13+14+15 行。

4. 第 16 行 = 第 17+18+19+20+21+22+23+24+25+26 行。

（二）表间关系

1. 第 1 行 = 表 A100000 第 1 行。

2. 第 16 行 = 表 A100000 第 11 行。

A102010《一般企业成本支出明细表》填报说明

本表适用于执行除事业单位会计准则、非营利企业会计制度以外的其他国家统一会计制度的查账征收企业所得税非金融居民纳税人填报。纳税人应根据国家统一会计制度的规定，填报"主营业务成本"、"其他业务成本"和"营业外支出"。

一、有关项目填报说明

1. 第 1 行"营业成本"：填报纳税人主要经营业务和其他经营业务发生的成本总额。本行根据"主营业务成本"和"其他业务成本"的数额计算填报。

2. 第 2 行"主营业务成本"：根据不同行业的业务性质分别填报纳税人核算的主营业务成本。

3. 第 3 行"销售商品成本"：填报从事工业制造、商品流通、农业生产以及其他商品销售企业发生的主营业务成本。房地产开发企业销售开发产品（销售未完工开发产品除外）发生的成本也在此行填报。

4. 第 4 行"其中：非货币性资产交换成本"：填报纳税人发生的非货币性资产交换按照国家统一会计制度应确认的主营业务成本。

5. 第 5 行"提供劳务成本"：填报纳税人从事建筑安装、修理修配、交通运输、仓储租赁、邮电通信、咨询经纪、文化体育、科学研究、技术服务、教育培训、餐饮住宿、中介代理、卫生保健、社区服务、旅游、娱乐、加工以及其他劳务活动发生的主营业务成本。

6. 第 6 行"建造合同成本"：填报纳税人建造房屋、道路、桥梁、水坝等建筑物，以及生产船舶、飞机、大型机械设备等发生的主营业务成本。

7. 第 7 行"让渡资产使用权成本"：填报纳税人在主营业务成本核算的，让渡无形资产使用权而发生的使用费成本以及出租固定资产、无形资产、投资性房地产发生的租金成本。

8. 第 8 行"其他"：填报纳税人按照国家统一会计制度核算、上述未列举的其他主营业务成本。

9. 第 9 行："其他业务成本"：根据不同行业的业务性质分别填报纳税人按照国家统一会计制度核算的其他业务成本。

10. 第 10 行"材料销售成本"：填报纳税人销售材料、下脚料、废料、废旧物资等发生的成本。

11. 第 11 行"非货币性资产交换成本"：填报纳税人发生的非货币性资产交换按照国家统一会计制度应确认的其他业务成本。

12. 第 12 行"出租固定资产成本"：填报纳税人将固定资产使用权让与承租人形成的出租固定资产成本。

13. 第 13 行"出租无形资产成本"：填报纳税人让渡无形资产使用权形成的出租无形资产成本。

14. 第 14 行"包装物出租成本"：填报纳税人出租、出借包装物形成的包装物出租成本。

15. 第 15 行"其他"：填报纳税人按照国家统一会计制度核算，上述未列举的其他业务成本。

16. 第 16 行"营业外支出"：填报纳税人计入本科目核算的与生产经营无直接关系的各项支出。

17. 第 17 行"非流动资产处置损失"：填报纳税人处置非流动资产形成的净损失。

18. 第 18 行"非货币性资产交换损失"：填报纳税人发生非货币性资产交换应确认的净损失。

19. 第 19 行"债务重组损失"：填报纳税人进行债务重组应确认的净损失。

20. 第 20 行"非常损失"：填报填报纳税人在营业外支出中核算的各项非正常的财产损失。

21. 第 21 行"捐赠支出"：填报纳税人无偿给予其他企业、组织或个人的货币性资产、非货币性资产的捐赠支出。

22. 第 22 行"赞助支出"：填报纳税人发生的货币性资产、非货币性资产赞助支出。

23. 第 23 行"罚没支出"：填报纳税人在日常经营管理活动中对外支付的各项罚没支出。

24. 第 24 行"坏账损失"：填报纳税人发生的各项坏账损失(该项目为执行《小企业会计准则》企业填报)。

25. 第 25 行"无法收回的债券股权投资损失"：填报纳税人各项无法收回的债券股权投资损失(该项目为执行《小企业会计准则》企业填报)。

26. 第 26 行"其他"：填报纳税人本期实际发生的在营业外支出核算的其他损失及支出。

二、表内、表间关系

(一)表内关系

1. 第 1 行 = 第 2+9 行。

2. 第 2 行 = 第 3+5+6+7+8 行。

3. 第 9 行 = 第 10+12+13+14+15 行。

4. 第 16 行 = 第 17+18+…+26 行。

(二)表间关系

1. 第 1 行 = 表 A100000 第 2 行。

2. 第 16 行 = 表 A100000 第 12 行。

A104000《期间费用明细表》填报说明

本表适用于执行企业会计准则、小企业会计准则、企业会计制度、分行业会计制度的查账征收居民纳税人填报。纳税人应根据企业会计准则、小企业会计准则、企业会计、分行业会计制度规定，填报"销售费用"、"管理费用"和"财务费用"等项目。

一、有关项目填报说明

1. 第1列"销售费用"：填报在销售费用科目进行核算的相关明细项目的金额，其中金融企业填报在业务及管理费科目进行核算的相关明细项目的金额。

2. 第2列"其中：境外支付"：填报在销售费用科目进行核算的向境外支付的相关明细项目的金额，其中金融企业填报在业务及管理费科目进行核算的相关明细项目的金额。

3. 第3列"管理费用"：填报在管理费用科目进行核算的相关明细项目的金额。

4. 第4列"其中：境外支付"：填报在管理费用科目进行核算的向境外支付的相关明细项目的金额。

5. 第5列"财务费用"：填报在财务费用科目进行核算的有关明细项目的金额。

6. 第6列"其中：境外支付"：填报在财务费用科目进行核算的向境外支付的有关明细项目的金额。

7. 第1~24行：根据费用科目核算的具体项目金额进行填报，如果贷方发生额大于借方发生额，应填报负数。

8. 第25行第1列：填报第1~24行第1列的合计数。

9. 第25行第2列：填报第1~24行第2列的合计数。

10. 第25行第3列：填报第1~24行第3列的合计数。

11. 第25行第4列：填报第1~24行第4列的合计数。

12. 第25行第5列：填报第1~24行第5列的合计数。

13. 第25行第6列：填报第1~24行第6列的合计数。

二、表内、表间关系

（一）表内关系

1. 第25行第1列＝第1列第1+2+…+20+24行。

2. 第25行第2列＝第2列第2+3+6+11+15+16+18+19+24行。

3. 第25行第3列＝第3列第1+2+…+20+24行。

4. 第25行第4列＝第4列第2+3+6+11+15+16+18+19+24行。

5. 第25行第5列＝第5列第6+21+22+23+24行。

6. 第25行第6列＝第6列第6+21+22+24行。

（二）表间关系

1. 第25行第1列＝表A100000第4行。

2. 第25行第3列＝表A100000第5行。

3. 第25行第5列＝表A100000第6行。

A105000《纳税调整项目明细表》填报说明

本表适用于会计处理与税法规定不一致需纳税调整的纳税人填报。纳税人根据税法、相关税收政策，以及国家统一会计制度的规定，填报会计处理、税法规定，以及纳税调整情况。

一、有关项目填报说明

本表纳税调整项目按照"收入类调整项目"、"扣除类调整项目"、"资产类调整项目"、"特殊事项调整项目"、"特别纳税调整应税所得"、"其他"六大项分类填报汇总，并计算出纳税"调增金额"和"调减金额"的合计数。

数据栏分别设置"账载金额"、"税收金额"、"调增金额"、"调减金额"四个栏次。"账载金额"是指纳税人按照国家统一会计制度规定核算的项目金额。"税收金额"是指纳税人按照税法规定计算的项目金额。

"收入类调整项目":"税收金额"减"账载金额"后余额为正数的,填报在"调增金额",余额为负数的,将绝对值填报在"调减金额"。

"扣除类调整项目"、"资产类调整项目":"账载金额"减"税收金额"后余额为正数的,填报在"调增金额",余额为负数的,将其绝对值填报在"调减金额"。

"特殊事项调整项目"、"其他"分别填报税法规定项目的"调增金额"、"调减金额"。

"特别纳税调整应税所得":填报经特别纳税调整后的"调增金额"。

对需填报下级明细表的纳税调整项目,其"账载金额"、"税收金额""调增金额","调减金额"根据相应附表进行计算填报。

(一)收入类调整项目

1. 第1行"一、收入类调整项目":根据第2~11行进行填报。

2. 第2行"(一)视同销售收入":填报会计处理不确认为销售收入,税法规定确认应税收入的收入。根据《视同销售和房地产开发企业特定业务纳税调整明细表》(A105010)填报,第2列"税收金额"为表A105010第1行第1列金额;第3列"调增金额"为表A105010第1行第2列金额。

3. 第3行"(二)未按权责发生制原则确认的收入":根据《未按权责发生制确认收入纳税调整明细表》(A105020)填报,第1列"账载金额"为表A105020第14行第2列金额;第2列"税收金额"为表A105020第14行第4列金额;表A105020第14行第6列,若≥0,填入本行第3列"调增金额";若<0,将绝对值填入本行第4列"调减金额"。

4. 第4行"(三)投资收益":根据《投资收益纳税调整明细表》(A105030)填报,第1列"账载金额"为表A105030第10行第1+8列的金额;第2列"税收金额"为表A105030第10行第2+9列的金额;表A105030第10行第11列,若≥0,填入本行第3列"调增金额";若<0,将绝对值填入本行第4列"调减金额"。

5. 第5行"(四)按权益法核算长期股权投资对初始投资成本调整确认收益":第4列"调减金额"填报纳税人采取权益法核算,初始投资成本小于取得投资时应享有被投资单位可辨认净资产公允价值份额的差额计入取得投资当期的营业外收入的金额。

6. 第6行"(五)交易性金融资产初始投资调整":第3列"调增金额"填报纳税人根据税法规定确认交易性金融资产初始投资金额与会计核算的交易性金融资产初始投资账面价值的差额。

7. 第7行"(六)公允价值变动净损益":第1列"账载金额"填报纳税人会计核算的以公允价值计量的金融资产、金融负债以及投资性房地产类项目,计入当期损益的公允价值变动金额;第1列<0,将绝对值填入第3列"调增金额";若第1列≥0,填入第4列"调减金额"。

8. 第8行"(七)不征税收入":填报纳税人计入收入总额但属于税法规定不征税的财政拨款、依法收取并纳入财政管理的行政事业性收费以及政府性基金和国务院规定的其他不征税收入。第3列"调增金额"填报纳税人以前年度取得财政性资金且已作为不征税收入处理,在5年(60个月)内未发生支出且未缴回财政部门或其他拨付资金的政府部门,应计入应税收入额的金额;第4列"调减金额"填报符合税法规定不征税收入条件并作为不征税收入处理,且已计入当期损益的金额。

9. 第9行"其中:专项用途财政性资金":根据《专项用途政财政性资金纳税调整明细表》(A105040)填报。第3列"调增金额"为表A105040第7行第14列金额;第4列"调减金额"为表A105040第7行第4列金额。

10. 第10行"(八)销售折扣、折让和退回":填报不符合税法规定的销售折扣和折让应进行纳税调整的金额,和发生的销售退回因会计处理与税法规定有差异需纳税调整的金额。第1列"账载金额"填报纳税人会计核算的销售折扣和折让金额及销货退回的追溯处理的净调整额。第2列"税收金额"填报根据税法规定可以税前扣除的折扣和折让的金额及销货退回业务影响当期损益的金额。第1列减第2列，若余额≥0，填入第3列"调增金额"；若余额<0，将绝对值填入第4列"调减金额"，第4列仅为销货退回影响损益的跨期时间性差异。

11. 第11行"（九）其他"：填报其他因会计处理与税法规定有差异需纳税调整的收入类项目金额。若第2列≥第1列，将第2-1列的余额填入第3列"调增金额"，若第2列<第1列，将第2-1列余额的绝对值填入第4列"调减金额"。

（二）扣除类调整项目

12. 第12行"二、扣除类调整项目"：根据第13~29行填报。

13. 第13行"（一）视同销售成本"：填报会计处理不作为销售核算，税法规定作为应税收入的同时，确认的销售成本金额。根据《视同销售和房地产开发企业特定业务纳税调整明细表》（A105010）填报，第2列"税收金额"为表A105010第11行第1列金额；第4列"调减金额"为表A105010第11行第2列金额的绝对值。

14. 第14行"（二）职工薪酬"：根据《职工薪酬纳税调整明细表》（A105050）填报，第1列"账载金额"为表A105050第13行第1列金额；第2列"税收金额"为表A105050第13行第4列金额；表A105050第13行第5列，若≥0，填入本行第3列"调增金额"；若<0，将绝对值填入本行第4列"调减金额"。

15. 第15行"（三）业务招待费支出"：第1列"账载金额"填报纳税人会计核算计入当期损益的业务招待费金额；第2列"税收金额"填报按照税法规定允许税前扣除的业务招待费支出的金额，即："本行第1列×60%"与当年销售（营业收入）×5‰的孰小值；第3列"调增金额"为第1-2列金额。

16. 第16行"（四）广告费和业务宣传费支出"：根据《广告费和业务宣传费跨年度纳税调整明细表》（A105060）填报，表A105060第12行，若≥0，填入第3列"调增金额"；若<0，将绝对值填入第4列"调减金额"。

17. 第17行"（五）捐赠支出"：根据《捐赠支出纳税调整明细表》（A105070）填报。第1列"账载金额"为表A105070第20行第2+6列金额；第2列"税收金额"为表A105070第20行第4列金额；第3列"调增金额"为表A105070第20行第7列金额。

18. 第18行"（六）利息支出"：第1列"账载金额"填报纳税人向非金融企业借款，会计核算计入当期损益的利息支出的金额；第2列"税收金额"填报按照税法规定允许税前扣除的的利息支出的金额；若第1列≥第2列，将第1列减第2列余额填入第3列"调增金额"，若第1列<第2列，将第1列减第2列余额的绝对值填入第4列"调减金额"。

19. 第19行"（七）罚金、罚款和被没收财物的损失"：第1列"账载金额"填报纳税人会计核算计入当期损益的罚金、罚款和被罚没财物的损失，不包括纳税人按照经济合同规定支付的违约金（包括银行罚息）、罚款和诉讼费；第3列"调增金额"等于第1列金额。

20. 第20行"（八）税收滞纳金、加收利息"：第1列"账载金额"填报纳税人会计核算计入当期损益的税收滞纳金、加收利息。第3列"调增金额"等于第1列金额。

21. 第21行"（九）赞助支出"：第1列"账载金额"填报纳税人会计核算计入当期损益的不符合税法规定的公益性捐赠的赞助支出的金额，包括直接向受赠人的捐赠、赞助支出等（不含广告性的赞助支出，广告性的赞助支出在表A105060中调整）；第3列"调增金额"等于第1列金额。

22. 第22行"（十）与未实现融资收益相关在当期确认的财务费用"：第1列"账载金额"填报纳税人会计核算的与未实现融资收益相关并在当期确认的财务费用的金额；第2列"税收金额"填报按照税法规定允许税前扣除的金额；若第1列≥第2列，将第1-2列余额填入第3列，"调增金额"；若第1列<第2列，将第1-2列余额的绝对值填入第4列"调减金额"。

23. 第23行"(十一)佣金和手续费支出"：第1列"账载金额"填报纳税人会计核算计入当期损益的佣金和手续费金额；第2列"税收金额"填报按照税法规定允许税前扣除的佣金和手续费支出金额；第3列"调增金额"为第1-2列的金额。

24. 第24行"(十二)不征税收入用于支出所形成的费用"：第3列"调增金额"填报符合条件的不征税收入用于支出所形成的计入当期损益的费用化支出金额。

25. 第25行"其中：专项用途财政性资金用于支出所形成的费用"：根据《专项用途财政性资金纳税调整明细表》(A105040)填报。第3列"调增金额"为表A105040第7行第11列金额。

26. 第26行"(十三)跨期扣除项目"：填报维简费、安全生产费用、预提费用、预计负债等跨期扣除项目调整情况。第1列"账载金额"填报纳税人会计核算计入当期损益的跨期扣除项目金额；第2列"税收金额"填报按照税法规定允许税前扣除的金额；若第1列≥第2列，将第1-2列余额填入第3列"调增金额"；若第1列<第2列，将第1-2列余额的绝对值填入第4列"调减金额"。

27. 第27行"(十四)与取得收入无关的支出"：第1列"账载金额"填报纳税人会计核算计入当期损益的与取得收入无关的支出的金额。第3列"调增金额"等于第1列金额。

28. 第28行"(十五)境外所得分摊的共同支出"：第3列"调增金额"，为《境外所得纳税调整后所得明细表》(A108010)第10行第16+17列的金额。

29. 第29行"(十六)其他"：填报其他因会计处理与税法规定有差异需纳税调整的扣除类项目金额。若第1列≥第2列，将第1-2列余额填入第3列"调增金额"；若第1列<第2列，将第1-2列余额的绝对值填入第4列"调减金额"。

(三)资产类调整项目

30. 第30行"三、资产类调整项目"：填报资产类调整项目第31~34行的合计数。

31. 第31行"(一)资产折旧、摊销"：根据《资产折旧、摊销情况及纳税调整明细表》(A105080)填报。第1列"账载金额"为表A105080第27行第2列金额；第2列"税收金额"为表A105080第27行第5+6列金额；表A105080第27行第9列，若≥0，填入本行第3列"调增金额"；若<0，将绝对值填入本行第4列"调减金额"。

32. 第32行"(二)资产减值准备金"：填报坏账准备、存货跌价准备、理赔费用准备金等不允许税前扣除的各类资产减值准备金纳税调整情况。第1列"账载金额"填报纳税人会计核算计入当期损益的资产减值准备金金额(因价值恢复等原因转回的资产减值准备金应予以冲回)；第1列，若≥0，填入第3列"调增金额"；若<0，将绝对值填入第4列"调减金额"。

33. 第33行"(三)资产损失"：根据《资产损失税前扣除及纳税调整明细表》(A105090)填报。第1列"账载金额"为表A105090第14行第1列金额；第2列"税收金额"为表A105090第14行第2列金额；表A105090第14行第3列，若≥0，填入本行第3列"调增金额"；若<0，将绝对值填入本行第4列"调减金额"。

34. 第34行"(四)其他"：填报其他因会计处理与税法规定有差异需纳税调整的资产类项目金额。若第1列≥第2列，将第1-2列余额填入第3列"调增金额"；若第1列<第2列，将第1-2列余额的绝对值填入第4列"调减金额"。

(四)特殊事项调整项目

35. 第35行"四、特殊事项调整项目"：填报特殊事项调整项目第36行至第40行的合计数。

36. 第36行"(一)企业重组"：根据《企业重组纳税调整明细表》(A105100)填报。第1列"账载金额"为表A105100第14行第1+4列金额；第2列"税收金额"为表A105100第14行第2+5列金额；表A105100第14行第7列，若≥0，填入本行第3列"调增金额"；若<0，将绝对值填入本行第4列"调减金额"。

37. 第37行"(二)政策性搬迁"：根据《政策性搬迁纳税调整明细表》(A105110)填报。表A105110

第 24 行，若≥0，填入本行第 3 列"调增金额"；若<0，将绝对值填入本行第 4 列"调减金额"。

38. 第 38 行"（三）特殊行业准备金"：根据《特殊行业准备金纳税调整明细表》（A105120）填报。第 1 列"账载金额"为表 A105120 第 30 行第 1 列金额；第 2 列"税收金额"为表 A105120 第 30 行第 2 列金额；表 A105120 第 30 行第 3 列，若≥0，填入本行第 3 列"调增金额"；若<0，将绝对值填入本行第 4 列"调减金额"。

39. 第 39 行"（四）房地产开发企业特定业务计算的纳税调整额"：根据《视同销售和房地产开发企业特定业务纳税调整明细表》（A105010）填报。第 2 列"税收金额"为表 A105010 第 21 行第 1 列金额；表 A105010 第 21 行第 2 列，若≥0，填入本行第 3 列"调增金额"；若<0，将绝对值填入本行第 4 列"调减金额"。

40. 第 40 行"（五）其他"：填报其他因会计处理与税法规定有差异需纳税调整的特殊事项金额。

（五）特殊纳税调整所得项目

41. 第 41 行"五、特别纳税调整应税所得"：第 3 列"调增金额"填报纳税人按特别纳税调整规定自行调增的当年应税所得；第 4 列"调减金额"填报纳税人依据双边预约定价安排或者转让定价相应调整磋商结果的通知，需要调减的当年应税所得。

（六）其他

42. 第 42 行"六、其他"：其他会计处理与税法规定存在差异需纳税调整的项目金额。

43. 第 43 行"合计"：填报第 1+12+30+35+41+42 行的金额。

二、表内、表间关系

（一）表内关系

1. 第 1 行 = 第 2+3+4+5+6+7+8+10+11 行。

2. 第 12 行 = 第 13+14+15…24+26+27+…+29 行。

3. 第 30 行 = 第 31+32+33+34 行。

4. 第 35 行 = 第 36+37+38+39+40 行。

5. 第 43 行 = 第 1+12+30+35+41+42 行。

（二）表间关系

1. 第 2 行第 2 列 = 表 A105010 第 1 行第 1 列；第 2 行第 3 列 = 表 A105010 第 1 行第 2 列。

2. 第 3 行第 1 列 = 表 A105020 第 14 行第 2 列；第 3 行第 2 列 = 表 A105020 第 14 行第 4 列；若表 A105020 第 14 行第 6 列≥0，填入第 3 行第 3 列；若表 A105020 第 14 行第 6 列<0，将绝对值填入第 3 行第 4 列。

3. 第 4 行第 1 列 = 表 A105030 第 10 行第 1+8 列；第 4 行第 2 列 = 表 A105030 第 10 行第 2+9 列；若表 A105030 第 10 行第 11 列≥0，填入第 4 行第 3 列；若表 A105030 第 10 行第 11 列<0，将绝对值填入第 4 行第 4 列。

4. 第 9 行第 3 列 = 表 A105040 第 7 行第 14 列；第 9 行第 4 列 = 表 A105040 第 7 行第 4 列。

5. 第 13 行第 2 列 = 表 A105010 第 11 行第 1 列；第 13 行第 4 列 = 表 A105010 第 11 行第 2 列的绝对值。

6. 第 14 行第 1 列 = 表 A105050 第 13 行第 1 列；第 14 行第 2 列 = 表 A105050 第 13 行第 4 列；若表 A105050 第 13 行第 5 列≥0，填入第 14 行第 3 列；若表 A105050 第 13 行第 5 列<0，将绝对值填入第 14 行第 4 列。

7. 若表 A105060 第 12 行≥0，填入第 16 行第 3 列，若表 A105060 第 12 行<0，将绝对值填入第 16 行第 4 列。

8. 第 17 行第 1 列 = 表 A105070 第 20 行第 2+6 列；第 17 行第 2 列 = 表 A105070 第 20 行第 4 列；第 17 行第 3 列 = 表 A105070 第 20 行第 7 列。

9. 第 25 行第 3 列 = 表 A105040 第 7 行第 11 列。

10. 第 31 行第 1 列 = 表 A105080 第 27 行第 2 列；第 31 行第 2 列 = 表 A105080 第 27 行第 5+6 列；若表 A105080 第 27 行第 9 列≥0，填入第 31 行第 3 列，若表 A105080 第 27 行第 9 列<0，将绝对值填入第 31 行第 4 列。

11. 第 33 行第 1 列 = 表 A105090 第 14 行第 1 列；第 33 行第 2 列 = 表 A105090 第 14 行第 2 列；若表 A105090 第 14 行第 3 列≥0，填入第 33 行第 3 列，若表 A105090 第 14 行第 3 列<0，将绝对值填入第 33 行第 4 列。

12. 第 36 行第 1 列 = 表 A105100 第 14 行第 1+4 列；第 36 行第 2 列 = 表 A105100 第 14 行第 2+5 列；若表 A105100 第 14 行第 7 列≥0，填入第 36 行第 3 列，若表 A105100 第 14 行第 7 列<0，将绝对值填入第 36 行第 4 列。

13. 若表 A105110 第 24 行≥0，填入第 37 行第 3 列，若表 A105110 第 24 行<0，将绝对值填入第 37 行第 4 列。

14. 第 38 行第 1 列 = 表 A105120 第 30 行第 1 列；第 38 行第 2 列 = 表 A105120 第 30 行第 2 列；若表 A105120 第 30 行第 3 列≥0，填入第 38 行第 3 列，若表 A105120 第 30 行第 3 列<0，将绝对值填入第 38 行第 4 列。

15. 第 39 行第 2 列 = 表 A105010 第 21 行第 1 列；若表 A105010 第 21 行第 2 列≥0，填入第 39 行第 3 列，若表 A105010 第 21 行第 2 列<0，将绝对值填入第 39 行第 4 列。

16. 第 43 行第 3 列 = 表 A100000 第 15 行；第 43 行第 4 列 = 表 A100000 第 16 行。

17. 第 28 行第 3 列 = 表 A108010 第 10 行第 16+17 列。

学习情境十

个人所得税纳税实务

技能训练一 代扣代缴的个人所得税

一、知识准备

熟悉和掌握应纳个人所得税各项目应纳所得税额、税率、纳税期限、纳税地点和申报缴纳方式。

二、训练要求

1. 根据涉税资料计算企业应代扣代缴的个人所得税额，并编制会计分录。

2. 填写个人所得税扣缴报告表。

三、训练资料

1. 涉税资料

××公司人均月工资 3 000 元，6 月工资 3 000 元以上的职工有张红、李刚、刘东、杨丽，他们的工资分别为 3 500 元、4 000 元、4 800 元、6 000 元(上述工资已扣除符合税法扣除规定的保险和公积金)。另外，6 月 25 日支付熊伟教授当天学术报告费用 1 500 元，合同约定，熊伟教授自己承担个人所得税税款，由公司代扣代缴。

2. 训练操作表格

扣缴个人所得税报告表

扣缴义务人编码：

扣缴义务人名称（公章）：

金额单位：元（列至角分）

填表日期： 年 月 日

序号	纳税人姓名	身份证照类型	身份证照号码	国籍	所得项目	所得期间	收入额	免税收入额	允许扣除的税费	费用扣除标准	准予扣除的捐赠额	应纳税所得额	税率（%）	速算扣除数	应扣税额	已扣税额	备注
1	2	3	4	5	6	7	8	9	10	11	12	13	14	15	16	17	18
合计										—	—	—	—	—			

我声明：此扣缴报告表是根据国家税收法律、法规的规定填报的，我确定它是真实的、可靠的、完整的。

声明人签字：

扣缴单位（或法定代表人）（签章）：

扣缴义务人声明		
会计主管签字：	负责人签字：	扣缴单位（盖章）：
受理人（签章）：	受理日期： 年 月 日	受理税务机关：
		受理税务机关（章）：

本表一式两份，一份扣缴义务人留存，一份报主管税务机关。

《扣缴个人所得税报告表》填表说明

一、本表根据《中华人民共和国税收征收管理法》（以下简称征管法）及其实施细则、《中华人民共和国个人所得税法》（以下简称税法）及其实施条例制定。

二、本表适用于扣缴义务人申报扣缴的所得税额。

三、扣缴义务人不能按规定报送本表时，应当在规定的报送期限内提出申请，经当地税务机关批准，可以适当延长期限。

四、扣缴义务人未按规定期限向税务机关报送本表的，依照征管法第六十二条的规定，予以处罚。

五、填写本表要用中文，也可用中文、外文两种文字填写。

六、表头项目的填写说明如下：

1. 扣缴义务人编码：填写税务机关为扣缴义务人确定的税务识别号。

2. 扣缴义务人名称：填写扣缴义务人单位名称全称并加盖公章，不得填写简称。

3. 填表日期：是指扣缴义务人填制本表的具体日期。

七、本表各栏的填写如下：

1. 纳税人姓名：纳税义务人如在中国境内无住所，其姓名应当用中文和外文两种文字填写。

2. 身份证照类型：填写纳税人的有效证件（身份证、护照、户口本、护照等）名称。

3. 所得项目：按照税法规定项目填写。同一纳税义务人有多项所得时，应分别填写。

4. 所得期间：填写扣缴义务人支付所得的时间。

5. 收入额：如支付外币的，应折算成人民币。外币折合人民币时，如为美元、日元和港币，应当按照缴款上一月最后一日中国人民银行公布的人民币外汇牌价折算；上一月最后一日中国银行公布的人民币基准汇价折算，如为美元、日元和港币以外的其他币种的，应当按照缴款上一月最后一日中国银行公布的人民币基准汇价中的现钞买入价折算。

6. 免税收入额：指按照国家规定，单位支付给个人缴付的基本养老保险费、基本医疗保险费、失业保险费、住房公积金，按照国务院规定发给的政府特殊津贴、院士津贴、资深院士津贴和其他经国务院批准免税免征免税的补贴、津贴等按照税法及其实施条例和国家政策有关规定免于纳税的所得。此栏只适用于工资薪金所得项目，其他所得项目不得填列。

7. 允许扣除的税费：只适用于劳务报酬所得、特许权使用费所得、财产租赁所得和财产转让所得项目。

(1) 劳务报酬所得允许扣除的税费是指劳务发生过程中实际缴纳的税费；

(2) 特许权使用费允许扣除的税费是指提供特许权过程中发生的中介费和相关税费；

(3) 适用财产租赁所得时，允许扣除的税费是指修缮费和出租财产过程中发生的相关税费；

(4) 适用财产转让所得时，允许扣除的税费是指财产原值和转让过程中产过程中发生的合理税费。

8. 除法律法规另有规定的外，准予扣除的捐赠额不得超过纳税义务人申报的应纳税所得额的30%。

9. 已扣税额：是指扣缴义务人当期实际扣缴的个人所得税款及减免税额。

10. 扣缴非本单位职工的税款，需在备注栏反映。

11. 表间关系：

(1) 应纳税额＝应纳税所得额×税率－速算扣除数

(2) 应纳税所得额＝收入额（人民币合计）－免税收入额－允许扣除的税费－费用扣除标准－准予扣除的捐赠额

注：全年一次性奖金等特殊政策的应纳税所得额计算除外。

(3) 收入额（人民币合计）＝收入额（人民币）＋收入额（外币折合人民币）

12. 声明人：填写扣缴义务人名称。

八、本表为 A4 横式。

技能训练二　年收入12万元以上者个人所得税申报

一、知识准备

熟悉和掌握构成 12 万元所得的年所得计算方法及自行申报的期限、地点和申报表的填写方法。

二、训练要求

根据以下资料填写个人所得税纳税申报表。

三、训练资料

王忠工程师任职受雇于××集团有限公司(单位税务代码：363261)，上年度月工资 4 000 元，全年取得工资、薪金所得 48 000 元(已扣除符合税法扣除规定的保险和公积金)。另外，该年度还取得以下收入：转让股票所得 60 000 元；存款利息收入 10 000 元；住房出租每月租金 1 000 元，全年共计 12 000 元；购买体育彩票中奖收入 30 000 元。王忠工程师除 12 月房屋租金未缴纳个人所得税外，其他应税收入均已按期缴纳了个人所得税和住房出租营业税。按照税法的规定，王忠工程师于今年 1 月 20 日对上年度应纳个人所得税进行了纳税申报。

四、训练操作表格

个人所得税纳税申报表
（适用于年所得 12 万元以上的纳税人申报）

所得年份：　　年　　　　　　　　　　　　　　　　　　　　　　　填表日期：　年　月　日

所得单位：

金额单位：人民币元（列至角分）

纳税人姓名		国籍（地区）		身份证照类型		身份证照号码	
任职、受雇单位		任职受雇单位代码		任职受雇单位所属行业		职务	职业
在华天数		境内有效联系地址			境内有效联系地址邮编	联系电话	
此行由取得经营所得的纳税人填写	经营单位纳税人识别号			经营单位纳税人名称			

所得项目	年所得额			应纳税所得额	应纳税额	已缴(扣)税额	抵扣税额	减免税额	应补税额	应退税额	备注
	境内	境外	合计								
1. 工资、薪金所得											
2. 个体工商户的生产、经营所得											
3. 对企事业单位的承包经营、承租经营所得											
4. 劳务报酬所得											
5. 稿酬所得											
6. 特许权使用费所得											
7. 利息、股息、红利所得											
8. 财产租赁所得											

续表

所得项目	年所得额			应纳税所得额	应纳税额	已缴(扣)税额	抵扣税额	减免税额	应补税额	应退税额	备注
	境内	境外	合计								
9.财产转让所得											
其中:股票转让所得											
个人房屋转让所得											
10.偶然所得											
11.其他所得											
合 计											

我声明,此纳税申报表是根据《中华人民共和国个人所得税法》及有关法律、法规的规定填报的,我保证它是真实的、可靠的、完整的。

纳税人(签字):

代理人(签章):

联系电话:

税务机关受理人(签字):

受理申报税务机关名称(盖章):

税务机关受理时间: 年 月 日

填 表 须 知

一、本表根据《中华人民共和国个人所得税法》及其实施条例和《个人所得税自行纳税申报办法(试行)》制定,适用于年所得12万元以上纳税人的年度自行申报。

二、负有纳税义务的个人,可以由本人或者委托他人于纳税年度终了后3个月以内向主管税务机关报送本表。不能按照定期的报送期限内报送本表时,应当在规定的报送期限内提出申请,经当地税务机关批准,可以适当延期。

三、填写本表应当使用中文,也可以同时用中文和外文两种文字填写。

四、本表各栏的填写说明如下:

1.所得年份:填写纳税人实际取得所得的年度。

申报所得年份:填写纳税人实际取得所得的年度。

1. 填表日期:填写纳税人办理纳税申报的实际日期。

2. 身份证照类型:填写纳税人的有效身份证照(居民身份证,军人身份证件,护照,回乡证等)名称。

3. 身份证照号码:填写中国居民纳税人的有效身份证照上的号码。

4. 任职、受雇单位:填写纳税人的任职、受雇单位名称。纳税人有多个任职、受雇单位时,填写受理申报的税务机关主管的任职、受雇单位。

5. 任职、受雇单位代码:填写受理申报的任职、受雇单位在税务机关办理税务登记或者扣缴登记的编码。

6. 任职、受雇单位所属行业:填写受理申报的任职、受雇单位所属的行业。其中,行业应按国民经济行业分类标准填写,一般填至大类。

7. 职务:填写纳税人在受理申报的任职、受雇单位所担任的职务。

8. 职业:填写纳税人的主要职业。

9. 在华天数:由中国境内无住所的纳税人填写在税款所属期内在华实际停留的总天数。

10. 中国境内有效联系地址:填写纳税人的住址或者有效联系地址。其中,中国有住所的纳税人应填写其经常居住地址。中国境内无住所的纳税人居住在公寓、宾馆、饭店的,应当填写公寓、宾馆、饭店名称和房间号码。

经常居住地,是指纳税人离开户籍所在地最后连续居住一年以上的地方。

11. 经营单位纳税人识别码,纳税人名称:纳税人取得的年所得中含个体工商户的生产、经营所得和对企事业单位的承包经营、承租经营所得时填写本栏。

纳税人识别码:填写税务登记证号码。

纳税人名称:填写个体工商户、个人独资企业、合伙企业名称,或者承包承租经营的企事业单位名称。

12. 年所得额:填写在纳税年度内取得相应所得项目的收入总额。年所得额按《个人所得税自行纳税申报办法》的规定计算。

13. 所得额的计算,以人民币为单位。所得以非人民币计算的,按照税法实施条例第四十三条的规定折合成人民币。

14. 应纳税所得额:填写按照个人所得税有关规定计算的应当缴纳个人所得税的所得额。

15. 已缴(扣)税额:填写纳税取得该项目所得在中国境内已经扣缴义务人已经缴纳的在中国境外已缴纳的个人所得税额。

16. 抵扣税额:填写个人所得税法允许抵扣的在中国境外已缴纳的个人所得税款。

17. 减免税额:填写个人所得税法允许减征或免征的个人所得税额。

18. 本表为 A4 横式,一式两联,第一联报税务机关,第二联纳税人留存。

1. 某服装商场销售利润率为 40%，销售 100 元服装，其成本为 60 元，商场是增值税一般纳税人，购货均能取得增值税专用发票，为促销换季服装欲采用三种方案：

A 方案：商品一律七折销售；B 方案：购物满 100 元者赠送价值 30 元的商品（该商品成本 18 元，均为含税价）；C 方案：购物满 100 元者返还 30 元现金。

假定消费者同样是购买一件价值 100 元的换季服装，对于商家来说以上三种方案的应纳增值税情况及利润情况如何（暂不考虑其他税费）？哪种方案最优？

2. 甲企业在 2013 年先后进货两批，数量相同，进价分别为 400 万元、600 万元。2013 年和 2014 年各出售一半，售价均为 1000 万元。所得税税率为 25%。试比较在加权平均法、先进先出法下，销售成本、所得税和净利润的大小。

3. 某市一家空调安装公司，其生产经营季节性较强，一般情况每年 6—9 月是业务规模较大的月份。该公司在向一线生产职工发放工资时，6—9 月为每月 7 000 元，而其他月份为每月 3 600 元。请问：你有何具体方案来降低其一线职工的个人所得税税负？比较分析筹划前后税负的区别。

纳税技能综合训练

一、知识准备

全面熟悉和掌握各税种纳税人、征税对象、计税依据、税率、纳税期限、纳税地点、税收优惠和纳税申报表填报等方面的法律规定及涉税会计处理知识。

二、训练要求

能正确计算纳税人应纳税额和填报纳税申报表，并能对涉税业务进行正确的会计处理。

三、训练资料

(一)企业基本情况

企业名称：××酒厂　　　　法定代表人：张旺　　　　注册资本：3 000万元

企业税务登记代码：42060188888××××

公司注册地址：湖北省武汉市××区××街×号

经营范围：粮食白酒的生产和销售

开户银行及账号：中国工商银行武汉市××支行　05101100××

财务负责人：刘林

××酒厂为增值税一般纳税人，从业人数500人，平均资产总额7 000万元。企业所得税按月预缴，年终汇算清缴。

(二)企业2014年涉税资料

1. 2014年1—11月有关账户资料：

(1)有关总账(部分数据)如下所示：

总　账

科　目　主营业务收入

2014年 月 日	凭证 字号	摘要	借方	贷方	借或贷	余额
1 31	汇2	1-31发生		1 4 4 3 0 0 0 0 0		
1 31	汇21	收入结转利润	1 4 4 3 0 0 0 0 0		平	Φ
1 31		本月合计	1 4 4 3 0 0 0 0 0	1 4 4 3 0 0 0 0 0		
1 31		本年累计	1 4 4 3 0 0 0 0 0	1 4 4 3 0 0 0 0 0		
………						
11 30	汇22	1-30发生		1 6 5 4 2 7 6 0 0		
30	汇46	收入结转利润	1 6 5 4 2 7 6 0 0		平	Φ
30		本月合计	1 6 5 4 2 7 6 0 0	1 6 5 4 2 7 6 0 0		
30		本年累计	2 4 8 5 6 9 0 1 2 3	2 4 8 5 6 9 0 1 2 3		
		过次页				

总　账

科　目　其他业务收入

2014年 月 日	凭证 字号	摘要	借方	贷方	借或贷	余额
………						
11 30	汇22	1-30发生		3 2 7 6 0 0		
30	汇46	收入结转利润	3 2 7 6 0 0		平	Φ
30		本月合计	3 2 7 6 0 0	3 2 7 6 0 0		
30		本年累计	5 7 9 0 0 0 0	5 7 9 0 0 0 0		
		过次页				

总　账

科　目　主营业务成本

2014年 月	日	凭证 字号	摘要	借方 亿	千	百	十	万	千	百	十	元	角	分	✓	贷方 亿	千	百	十	万	千	百	十	元	角	分	✓	借或贷	余额 亿	千	百	十	万	千	百	十	元	角	分	✓
……																																								
11	30	汇22	1-30 发生				5	6	7	2	4	9	7	6																										
	30	汇46	成本 结转																5	6	7	2	4	9	7	6		平										Φ		
	30		本月 合计				5	6	7	2	4	9	7	6					9	0	7	2	4	9	7	6													
	30		本年累计		1	1	8	9	1	2	4	4	7	6			1	1	8	9	1	2	4	4	7	6													

总　账

科　目　其他业务成本　　　　　　　　　　　　　第 22 页

2014年 月	日	凭证 字号	摘要	借方 亿	千	百	十	万	千	百	十	元	角	分	✓	贷方 亿	千	百	十	万	千	百	十	元	角	分	✓	借或贷	余额 亿	千	百	十	万	千	百	十	元	角	分	✓
……																																								
11	30	汇22	1-30 发生						2	4	1	3	0	0																									
	30	汇46	成本 结转																		2	4	1	3	0	0		平										Φ		
	30		本月 合计						2	4	1	3	0	0							2	4	1	3	0	0													
	30		本年累计					4	5	2	0	0	0	0						4	5	2	0	0	0	0													

（2）有关明细账（部分数据）及说明如下所示：

营业税金及附加明细账

第 28 页

科目营业税金及附加

2014年		凭证编号	摘要	合计											消费税											城建税											教育费附加										
月	日			亿	千	百	十	万	千	百	十	元	角	分	亿	千	百	十	万	千	百	十	元	角	分	亿	千	百	十	万	千	百	十	元	角	分	亿	千	百	十	万	千	百	十	元	角	分
…	…	…	……																																												
11	30		本年累计			5	7	8	0	5	6	4	2	0			5	0	8	6	0	3	1	5	0				4	8	6	1	7	2	8	9				2	0	8	3	5	9	8	1

销售费用明细账

科目 销售费用

2014年		凭证编号	摘要	合计											职工薪酬											广告宣传											折旧																						
月	日			亿	千	百	十	万	千	百	十	元	角	分	亿	千	百	十	万	千	百	十	元	角	分	亿	千	百	十	万	千	百	十	元	角	分	亿	千	百	十	万	千	百	十	元	角	分	亿	千	百	十	万	千	百	十	元	角	分
⋯	⋯	⋯	⋯																																																							
11	30		本年累计		2	4	8	0	5	6	4	2	0				8	8	6	0	3	1	5	0				1	4	8	6	1	7	2	8	9				1	0	8	3	5	9	8	1											

管 理 费 用 明 细 账

科目 …… 管理费用 ……　　　　　　　　　　　　　　　　　　　　　第 36 页

2014年 月	日	凭证编号	摘要	合计 亿千百十万千百十元角分	办公费 亿千百十万千百十元角分	应付职工薪酬 亿千百十万千百十元角分	业务招待费 亿千百十万千百十元角分	其他 亿千百十万千百十元角分
…	…	…	…					
11	30	30	本年累计	2 6 2 4 1 2 5 0 0	7 2 0 0 0 0 0	9 8 5 6 2 5 0 0	8 3 1 5 0 0 0 0	8 7 0 0 0 0 0

财务费用明细账

科目 财务费用

2014年		凭证编号	摘要	合计											利息											手续费											现金折扣											其他										
月	日			亿	千	百	十	万	千	百	十	元	角	分	亿	千	百	十	万	千	百	十	元	角	分	亿	千	百	十	万	千	百	十	元	角	分	亿	千	百	十	万	千	百	十	元	角	分	亿	千	百	十	万	千	百	十	元	角	分
…	…	…	……																																																								
11	30		本年累计	1	2	1	8	5	7	1	8	9				1	0	2	4	0	3	0	0	0				8	6	1	7	2	8	9				1	0	8	3	6	9	0	0												

说明:利息中包括一年期 1 000 000 元贷款按年利率 5% 计算的利息(同类金融贷款利率为 4%)。

投资收益明细账

科目　投资收益　　　　　　　　　　　　　　　　　　　　　　　　　　　　　　　第 45 页

2014年月	日	凭证编号	摘要	合计											企业债券											国库券											股利											投资转让										
				亿	千	百	十	万	千	百	十	元	角	分	亿	千	百	十	万	千	百	十	元	角	分	亿	千	百	十	万	千	百	十	元	角	分	亿	千	百	十	万	千	百	十	元	角	分	亿	千	百	十	万	千	百	十	元	角	分
…	…	…	……																																																							
6	30	记56	计提债券投资利息				1	1	0	2	0	2	8	9					2	4	0	3	0	0	0					8	6	1	7	2	8	9																						
…	…	…	……																																																							
7	28	记48	转让股权投资收益			2	6	8	9	5	9	0	0	0																																			2	6	8	9	5	9	0	0	0
7	31	记66	境外投资收回股利				3	6	9	2	3	0	0	0																									3	6	9	2	3	0	0	0											
…	…	…	……																																																							
11	30		本年累计		3	5	4	6	4	6	2	8	0						4	8	0	6	0	0	0				1	6	5	2	4	6	0	0				6	4	3	5	6	6	8	0			2	6	8	9	5	9	0	0	0

说明：转让长期股权投资成本，与税法规定的计税基础一致。应收美国某公司股票股利 369 230 元（已向境外直接缴纳 10% 的预提所得税）。

营业外支出明细账

科目 营业外支出

2014年		凭证编号	摘要	合计											处置固定资产											处置无形资产											其他										
月	日			亿	千	百	十	万	千	百	十	元	角	分	亿	千	百	十	万	千	百	十	元	角	分	亿	千	百	十	万	千	百	十	元	角	分	亿	千	百	十	万	千	百	十	元	角	分
…	…	…	……																																												
9	15		缴纳税收滞纳金				1	3	6	1	0	2	0	0																										1	3	6	1	0	2	0	0
…	…	…	……																																													
10	3		通过民政捐款				5	0	0	0	0	0	0	0																										5	0	0	0	0	0	0	0
11	30		本年累计				6	3	6	1	0	2	0	0																										6	3	6	1	0	2	0	0

资产减值损失明细账

科目　资产减值损失

2014年		凭证编号	摘要	合计										计提坏账准备										存货跌价损失									
月	日			亿	千	百	十	万	千	百	十	元	角	分	亿	千	百	十	万	千	百	十	元	角	分	亿	千	百	十	万	千	百	十	元	角	分
…	…	…	……																																	
11	30		本年累计		6	2	4	3	0	0	0	0				3	2	4	3	0	0	0	0				3	0	0	0	0	0	0	0		

说明：计提跌价准备的存货本年度尚未售出。

应交税费明细账

一级科目 应交税费
子目或户名 应交所得税

2014年		凭证		摘要	借方											√	贷方											√	借或贷	余额										
月	日	字	号		亿	千	百	十	万	千	百	十	元	角	分		亿	千	百	十	万	千	百	十	元	角	分			亿	千	百	十	万	千	百	十	元	角	分
1	31	记	34	计提1月份应纳所得税额																	5	0	2	0	0	0	0		贷					5	0	2	0	0	0	0
…	…	…	…	……																																				
11	30			本年累计				7	0	3	0	1	8	0	0					7	5	1	6	0	4	7	7		贷					4	8	5	8	6	7	7

2. 2014 年 12 月发生的涉税经济业务和事项

（1）从××煤炭厂外购煤炭 5 吨，取得专用发票一张，注明价款 6 000 元，税款 1 020 元，款已付，发票、支票存根和入库单如下所示：

4200061620	湖北增值税制量发票		No 01358279
	税务监制量发票		
	发票联		开票日期：2014 年 12 月 12 日

购货单位	名　　　　称：××酒业有限责任公司 纳税人识别号：42060188888××× 地　址、电　话：武汉市××区××街×号 开户行及账号：中国工商银行××支行　　账号 05101100××	密码区	

货物或应税劳务名称	规格型号	单位	数量	单价	金额	税率	税额
煤炭		吨	5	1 200	6 000	17%	1 020
合　　计					6 000		1 020

价税合计（大写）	⊕柒仟零贰拾元整	（小写）￥7 020.00

销货单位	名　　　　称：××煤炭厂 纳税人识别号： 地　址、电　话： 开户行及账号：	备注	

收款人：　　　　　复核：谢梅　　　　开票人：李冬　　　　销货单位：（章）

单位发票专用章

中国工商银行
转账支票存根　（鄂）
XIV87233498

附加信息 _____

_____

_____

出票日期　2014 年 12 月 12 日

收款人：	××煤炭厂
金　额：	￥7 020.00
用　途：	支付煤炭款

单位主管　刘林　　会计　张莉

入　库　单

2014 年 12 月 12 日   No 0038126

名 称	规 格	单位	应收数量	实收数量	单价	金 额									附 注
						百	十	万	千	百	十	元	角	分	
煤炭		吨	5	5	1 200		6	0	0	0	0	0	0		
合计			5	5	1 200	¥	6	0	0	0	0	0	0		

会计 刘梅   保管 王山   验收人 张华

（2）销售给××商场瓶装白酒 1 吨，共 200 箱，每箱不含税售价 3 000 元，开具增值税专用发票一张，货已发，款项已送存银行。每箱成本 1 200 元。发票、银行进账单和出库单如下所示：

4200061620   湖北增值税专用发票   No 01358365

记账联   开票日期 2014 年 12 月 20 日

购货单位	名 称：××商场 纳税人识别号： 地址、电话： 开户行及账号：						密码区
货物或应税劳务名称	规格型号	单位	数量	单价	金额	税率	税额
白酒		箱	200	3 000	600 000	17%	102 000
合计					600 000		102 000
价税合计（大写）		⊕柒拾万零贰仟元整			（小写）		¥ 702 000.00
销货单位	名 称：××酒厂 纳税人识别号：42060188888×××× 地址、电话：武汉市××区××街×号 开户行及账号：中国工商银行武汉市××支行 账号 051011××××					备注	

收款人：   复核：张月   开票人：刘东   销货单位：（章）

单位发票专用章

中国工商银行进账单(回　单)

2014 年 12 月 20 日　　　　　第　　号

出票人	全　称	××商场	收款人	全　称	××酒厂
	账　号			账　号	
	开户银行			开户银行	

人民币 (大写)	柒拾万零贰仟元整	千	百	十	万	千	百	十	元	角	分
			7	0	2	0	0	0	0	0	0

票据种类	转账支票	
票据张数	1	
单位主管　会计　　复核　　记账		出票人开户行盖章

(3)从农民张明手中收购小麦 1 吨,开具主管税务机关核准使用的收购凭证,注明收购金额为 12 000 元,发票、支票存根和入库单如下所示:

湖北省国家税务局农产品收购统一发票(网络版)

税务监制章

发票联

发票代码

发票号码

开票日期:　2014 年 12 月 22 日　　　　　　行业分类　制造业

出售人姓名　张明　　　　　　　　身份证号　××××××××××××××××××

地址　×××××　　　　　　　　　电话　×××××××

品名	等级	单位	数量	单价	金额	计算抵扣税额
小麦		吨	1	12 000.00	12 000.00	

计税金额 12 000.00

扣除率　　0.13

税额　　1 560.00

¥ 12 000.00

金额(大写)　⊕壹万贰仟元整

开票单位(未盖章无效)××酒厂专用章　　　　收款人××　　　　　　　　开票人××

中国工商银行
转账支票存根 （鄂）
XIV87233498

附加信息 _____

_____

_____

出票日期　2014 年 12 月 22 日

收款人：	张明
金　额：	￥12 000.00
用　途：	支付收购小麦款

单位主管　刘林　　会计　张莉

入库单

2014 年 12 月 22 日　　　　　　　　　　　　　　　　　　　　No　0038426

名　称	规格	单位	应收数量	实收数量	单价（元）	金　　额									附　注
						百	十	万	千	百	十	元	角	分	
小麦		吨	1	1	12 000			1	2	0	0	0	0	0	
合计			1	1	12 000	￥	1	2	0	0	0	0	0	0	

会计　刘梅　　　　　　保管　王山　　　　　　验收人　张华

　　（4）本月将自产瓶装特制白酒 1 000 瓶（1 斤/瓶）分给职工，未开具任何发票。每瓶不含税售价 26 元，成本价为 20 元。出库单如下所示：

产品出库单

用途：职工福利　　　　　2014 年 12 月 30 日　　　　　　产成品库 005

产品名称	规格	产品编号	计量单位	单位成本（元）	数量	成本（元）
特制白酒			瓶	20	1 000	￥20 000.00
合计					200	￥20 000.00

制单：罗丽　　　　记账：李霞　　　　保管：李东

(5)本月将上年 10 月收取的非酒类包装物押金 2 340 元予以没收。记账凭证如下所示：

记　账　凭　证

记　字第　27　号

2014 年 12 月 31 日　　　附原始凭证　1 张附件　张

摘　　要	科　目	子目或户名	✓	借　方　金　额										贷　方　金　额									
				亿	千	百	十	万	千	百	十	元	角	分	亿	千	百	十	万	千	百	十	元	角	分
没收 10 份押金	其他应付款	押金							2	3	4	0	0	0									
	其他业务收入																			2	3	4	0	0
合计									2	3	4	0	0	0						2	3	4	0	0

会计　张波　　　记账　宋秋　　　出纳　王露　　　复核　刘涛　　　制单　李梅

(6)计提 12 月的土地使用税、房产税和车船税。计算单部分数据如下所示：

12 月有关税金计提

税种名称	计税依据	年税额(税率)	应纳税额(元)
土地使用税	8 046m²	7 元/m²	
房产税	年租金 480 000 元	12%	
	房产余值 7 000 000 元	1.2%	
车船税	乘人汽车 8 辆	320 元/辆	
	载货汽车 1.5 吨 4 辆 1.3 吨 1 辆	50 元/吨	

制单　　　　　　记账　　　　　　复核

(7)12 月 3 500 元以上职工工资发放明细如下(附工资发放表部分数据)：

××酒厂 12 月工资发放表

发薪时间　　　　2014 年 12 月 31 日　　　　　　　　　　　　　　　单位：元

职工代码	应发数	扣公积金和保险	代扣个人所得税	实发数
197500300	7 000	880		
197500312	6 800	688		
197610024	6 500	672		

续表

职工代码	应发数	扣公积金和保险	代扣个人所得税	实发数
197620030	6 000	720		
197756078	5 800	656		
197754231	5 710	688		
197840563	5 500	654.4		
197956243	5 300	660.16		
197931685	5 100	638.24		
198051269	5 000	620		
198152687	4 800	570.72		
198219785	4 500	476.8		
19812589	4 200	456.96		
19805268	4 000	431.2		
19810367	3 800	406.88		
19825648	3 600	352		
19832654	3 500	322.56		

核准　　　　　会计　　　　　复核　　　　　出纳　　　　　制表

（8）预缴本年度 11 月企业所得税额 48 586.77 元。税收通用缴款书如下所示：

中　华　人　民　共　和　国　　　　　地
税　收　通　用　缴　款　书

隶属关系：　　　　　　　　　　　　（200803）鄂地缴电：№ 01222012

注册类型：　　　　　　填发日期：　2014年12月15日　　　征收机关：

缴款单位（人）	代　码	42060188888××××	预算科目	编码	
	全　称	××酒厂		名称	
	开户银行	中国工商银行武汉市××支行		级次	
	账　号	051011××××		收缴国库	

税款所属时期	2014年11月		税款限缴日期	2014年12月15日	
品　目 名　称	课税数量	计税金额或 销售收入（元）	税率或 单位税额	已缴或扣 除额（元）	实缴金额（元）
企业所得税		194 347.08	25%		48 586.77
金额合计	（大写）　肆万捌仟伍佰捌拾陆元柒角柒分				￥　48 586.77

缴款单位（人） （盖章） 经办人（章）	税务机关 （盖章） 填票人（章）	上列款项已收妥并划转收款单位账户 国库（银行）盖章	备注	

逾期不缴按税法规定加收滞纳金

(9)除上述业务外，12月其他情况如下：

销售给其他单位的白酒收入总计 1 800 000 元，应纳销项税额 306 000 元，消费税 363 000 元，城市维护建设税 46 970 元，教育费附加 20 130 元；主营业务成本 720 000 元；12月份其他购买业务可抵扣进项税额共计 89 000 元，期初无留抵税额；发生的其他管理费用 200 000 元、销售费用 200 000 元及财务费用 100 000 元。

3. 全年其他有关涉税资料

(1)固定资产折旧计提情况如下：

使用部门	类别	代码名称	期初原值（元）	折旧年限	残值率	折旧方法	本年计提折旧（元）
	房屋建筑物		16 000 000	20	10%	平均年限法	720 000
	生产设备		8 000 000	10	10%	平均年限法	720 000
	运输工具		1 000 000	5	10%	平均年限法	180 000
	与生产经营有关的工具家具		900 000	4	10%	平均年限法	202 500
	电子设备		213 000	2	10%	平均年限法	95 850

(2)全年工资总额 3 600 000 元，实际支付职工福利 540 000 元，职工教育经费 72 000 元，工会经费 72 000 元。

(3)近5年盈利与亏损弥补明细情况如下所示：

单位：元

年份	盈亏金额	以前年度亏损弥补额				本年度弥补的亏损额	结转以后年度弥补的亏损额
		前四年度	前三年度	前二年度	前一年度		
2009	2 560 000						
2010	2 300 000						
2011	1 580 000						
2012	−230 000				162 000		
2013	162 000						
本年							
可结转以后年度弥补的亏损额合计							

(三)训练操作及表格

1. 根据 12 月业务(1)、(2)、(3)、(4)填制记账凭证(其中,应纳消费税额按月计算填制记账凭证)。

记 账 凭 证

字 第 号

年 月 日　　　　　附原始凭证　　　张附件 张

摘　要	科　目	子目或户名	✓	借 方 金 额											贷 方 金 额										
				亿	千	百	十	万	千	百	十	元	角	分	亿	千	百	十	万	千	百	十	元	角	分
合　计																									

会计　　　　　记账　　　　　出纳　　　　　复核　　　　　制单

记 账 凭 证

字 第 号

年 月 日　　　　　附原始凭证　　　张附件 张

摘　要	科　目	子目或户名	✓	借 方 金 额											贷 方 金 额										
				亿	千	百	十	万	千	百	十	元	角	分	亿	千	百	十	万	千	百	十	元	角	分
合　计																									

会计　　　　　记账　　　　　出纳　　　　　复核　　　　　制单

记　账　凭　证

年　月　日　　　附原始凭证　　张附件　张

摘　要	科　目	子目或户名	✓	借　方　金　额											贷　方　金　额										
				亿	千	百	十	万	千	百	十	元	角	分	亿	千	百	十	万	千	百	十	元	角	分
合　计																									

会计　　　　记账　　　　出纳　　　　复核　　　　制单

记　账　凭　证

年　月　日　　　附原始凭证　　张附件　张

摘　要	科　目	子目或户名	✓	借　方　金　额											贷　方　金　额										
				亿	千	百	十	万	千	百	十	元	角	分	亿	千	百	十	万	千	百	十	元	角	分
合　计																									

会计　　　　记账　　　　出纳　　　　复核　　　　制单

记 账 凭 证

年　月　日　　　　附原始凭证　　张附件　　张

字　第　号

摘　要	科　目	子目或户名	✓	借　方　金　额										贷　方　金　额									
				亿	千	百	十	万	千	百	十	元	角	分	亿	千	百	十	万	千	百	十	元	角	分
合　计																									

会计　　　　　记账　　　　　出纳　　　　　复核　　　　　制单

记 账 凭 证

年　月　日　　　　附原始凭证　　张附件　　张

字　第　号

摘　要	科　目	子目或户名	✓	借　方　金　额										贷　方　金　额									
				亿	千	百	十	万	千	百	十	元	角	分	亿	千	百	十	万	千	百	十	元	角	分
合　计																									

会计　　　　　记账　　　　　出纳　　　　　复核　　　　　制单

记 账 凭 证

年 月 日　　附原始凭证　张附件　张

摘　要	科目	子目或户名	✓	借　方　金　额										贷　方　金　额								
				亿	千	百	十	万	千	百	十	元	角	分	亿	千	百	十	万	千	百	十	元	角	分
		合　计																							

会计　　　　记账　　　　　　出纳　　　　　　　复核　　　　　　　制单

2. 根据12月业务(1)、(2)、(3)、(4)、(5)和(9)填写12月增值税和消费税的纳税申报表。

增值税纳税申报表

（一般纳税人适用）

根据国家税收法律法规及增值税相关规定制定本表。纳税人不论有无销售额，均应按税务机关核定的纳税期限填写本表，并向当地税务机关申报。

税款所属时间：自　　年　月　日至　　年　月　日

填表日期：　年　月　日

金额单位：元至角分

纳税人识别号													所属行业：		
纳税人名称		（公章）法定代表人姓名			注册地址		生产经营地址		
开户银行及账号			登记注册类型			电话号码		

	项　目	栏次	一般货物、劳务和应税服务		即征即退货物、劳务和应税服务	
			本月数	本年累计	本月数	本年累计
销售额	（一）按适用税率计税销售额	1				
	其中：应税货物销售额	2				
	应税劳务销售额	3				
	纳税检查调整的销售额	4				
	（二）按简易办法计税销售额	5				
	其中：纳税检查调整的销售额	6				
	（三）免、抵、退办法出口销售额	7			—	—
	（四）免税销售额	8				
	其中：免税货物销售额	9			—	—
	免税劳务销售额	10			—	—

项　目		栏次	一般货物、劳务和应税服务		即征即退货物、劳务和应税服务	
			本月数	本年累计	本月数	本年累计
税款计算	销项税额	11				
	进项税额	12				
	上期留抵税额	13		—		—
	进项税额转出	14				
	免、抵、退应退税额	15		—		—
	按适用税率计算的纳税检查应补缴税额	16				
	应抵扣税额合计	17 = 12+13-14 -15+16		—		—
	实际抵扣税额	18（如17<11，则为17，否则为11）				
	应纳税额	19 = 11-18				
	期末留抵税额	20 = 17-18				—
	简易计税办法计算的应纳税额	21				
	按简易计税办法计算的纳税检查应补缴税额	22			—	—
	应纳税额减征额	23				
	应纳税额合计	24 = 19 + 21 -23				
税款缴纳	期初未缴税额(多缴为负数)	25				
	实收出口开具专用缴款书退税额	26			—	—
	本期已缴税额	27 = 28 + 29 + 30+31				
	①分次预缴税额	28			—	—
	②出口开具专用缴款书预缴税额	29			—	—
	③本期缴纳上期应纳税额	30				

续表

项目		栏次	一般货物、劳务和应税服务		即征即退货物、劳务和应税服务	
			本月数	本年累计	本月数	本年累计
税款缴纳	④本期缴纳欠缴税额	31				
	期末未缴税额(多缴为负数)	32 = 24 + 25 + 26−27				
	其中：欠缴税额(≥0)	33 = 25 + 26 −27			—	—
	本期应补(退)税额	34 = 24 − 28 −29			—	—
	即征即退实际退税额	35	—	—		
	期初未缴查补税额	36			—	—
	本期入库查补税额	37			—	—
	期末未缴查补税额	38 = 16 + 22 + 36−37			—	—
授权声明	如果你已委托代理人申报，请填写下列资料： 为代理一切税务事宜，现授权 （地址）　　　　　　　　　　为 本纳税人的代理申报人，任何与本申报表有关的往来文件，都可寄予此人。 授权人签字：	申报人声明	本纳税申报表是根据国家税收法律法规及相关规定填报的，我确定它是真实的、可靠的、完整的。 声明人签字：			

主管税务机关：　　　　　　　接收人：　　　　　　　接收日期：

酒类应税消费品消费税纳税申报表

税款所属期：　年　月　日至　年　月　日

纳税人名称(公章)：　　　　纳税人识别号：□□□□□□□□□□□□□□□

填表日期：　年　月　日　　　　　　　　　　　金额单位：元(列至角分)

项目 应税 消费品名称	适用税率		销售数量	销售额	应纳税额
	定额税率	比例税率			
粮食白酒	0.5 元/斤	20%			
薯类白酒	0.5 元/斤	20%			

续表

项目 / 应税消费品名称	适用税率 定额税率	适用税率 比例税率	销售数量	销售额	应纳税额
啤酒	250元/吨	—			
啤酒	220元/吨	—			
黄酒	240元/吨	—			
其他酒	—	10%			
合计	—	—		—	

	声明
本期准予抵减税额:	此纳税申报表是根据国家税收法律的规定填报的，我确定它是真实的、可靠的、完整的。
本期减(免)税额:	经办人(签章):
期初未缴税额:	财务负责人(签章): 联系电话:
本期缴纳前期应纳税额:	(如果你已委托代理人申报，请填写) 授权声明
本期预缴税额:	为代理一切税务事宜，现授权＿＿＿＿＿＿(地址)＿＿＿
本期应补(退)税额:	＿＿＿＿＿＿＿＿＿＿为本纳税人的代理申报人，任何与本申报表有关的往来文件，都可寄予此人。
期末未缴税额:	授权人签章:

以下由税务机关填写

受理人(签章):　　　　　　受理日期:　　年　月　日

受理税务机关(章):

3. 完成12月业务(6)有关税金计算表，并填制记账凭证和地方税(费)综合纳税申报表(不考虑已纳税(费)额)。

12月份有关税金计提

税种名称	计税依据	年税额(税率)	应纳税额(元)
土地使用税	8 046m²	7元/m²	
房产税	年租金480 000元	12%	
房产税	房产余值7 000 000元	1.2%	
车船税	乘人汽车8辆	320元/辆	
车船税	载货汽车1.5吨4辆，1.3吨1辆	50元/吨	

制单　　　　　　　记账　　　　　　　复核

记 账 凭 证

年 月 日   附原始凭证   张附件   张

字 第 号

摘　要	科　目	子目或户名	✓	借方金额											贷方金额										
				亿	千	百	十	万	千	百	十	元	角	分	亿	千	百	十	万	千	百	十	元	角	分
合　计																									

会计　　　　记账　　　　出纳　　　　复核　　　　制单

地方税(费)综合纳税申报表

纳税人名称(公章)：　　纳税人管理码：　　申报日期：　年 月 日　金额单位：元(列至角分)

税种	税目	应税项目	税款所属期	计税总值或计税数量	税(费)率(预征率、征收率、单位税额)	应纳税(费)额	减免、扣、抵、缓缴税(费)额	已纳税(费)额	本期应缴税(费)额
合　计									

开户银行		银行账号	

说明：本表适用于纳税人向主管税务机关申报除企业所得税、个人所得税外的其他地方税(费)。本表一式三份，税务机关两份，纳税人一份。

受理人：　　　　年 月 日

审核人：　　　　年 月 日

法人代表(签章)：　　办税员或税务代理人：　　受理税务机关(章)：

4. 根据12月业务(7)计算12月应代扣代缴的个人所得税，并填写扣缴个人所得税报告表。

扣缴个人所得税报告表

扣缴义务人编码：□□□□□□□□□□□□□□□

扣缴义务人名称（公章）：

金额单位：元（列至角分）

填表日期： 年 月 日

序号	纳税人姓名	身份证照类型	身份证照号码	国籍	所得项目	所得期间	收入额	免税收入额	允许扣除的税费	费用扣除标准	准予扣除的捐赠额	应纳税所得额	税率%	速算扣除数	应扣税额	已扣税额	备注
1	2	3	4	5	6	7	8	9	10	11	12	13	14	15	16	17	18
合计										—	—	—	—	—			

扣缴义务人声明

我声明：此扣缴报告表是根据国家税收法律、法规的规定填报的，我确定它是真实的、可靠的、完整的。

声明人签字：

扣缴单位（或法定代表人）（签章）：

会计主管签字：	负责人签字：	扣缴单位（盖章）：
受理人（签章）：	受理日期： 年 月 日	受理税务机关：
		受理主管税务机关。

本表一式两份，一份扣缴义务人留存，一份报主管税务机关。

5. 根据 12 月业务(8)填制记账凭证和登记企业所得税明细账。

记 账 凭 证

字第　号

年　月　日　　　附原始凭证　　张附件　张

摘　要	科　目	子目或户名	√	借 方 金 额	贷 方 金 额
				亿千百十万千百十元角分	亿千百十万千百十元角分
	合　计				

会计　　　　记账　　　　出纳　　　　复核　　　　制单

总页号 78 分页号 1

应交税费明细账

一级科目　应交税费
子目或户名　应交所得税

2014年 月 日	凭证 字号	摘要	借 方 亿千百十万千百十元角分	√	贷 方 亿千百十万千百十元角分	√	借或贷	余 额 亿千百十万千百十元角分
1 31	记34	计提1月份应纳所得税额			5020000		贷	5020000
……	……	……						
11 30		本年累计	73301800		75160477		贷	4858677

6. 采用科目汇总表核算程序登记 12 月损益类总账(总账利用涉税资料中的账页)。

7. 编制 2014 年 12 月税前利润表。

利 润 表

编制单位：××酒厂　　　　　2014 年 12 月　　　　　单位：元

项　目	本月数	本年累计数
一、营业收入		
减：营业成本		
营业税金及附加		
销售费用		
管理费用		
财务费用		
资产减值损失		
加：公允价值变动收益(损失以"-"号填列)		
投资收益(损失以"-"号填列)		
其中：对联营企业和合营企业的投资收益		
二、营业利润(亏损以"-"号填列)		
加：营业外收入		
减：营业外支出		
其中：非流动资产处置损失		
三、利润总额(亏损总额以"-"号填列)		

8. 计算 2014 年 12 月应预缴的企业所得税额并填制记账凭证和企业所得税月（季）度预缴纳税申报表。

2014 年 12 月应预缴所得税额计算表 　　　　单位：元

项目	本期金额	累计金额
利润总额		
免税收入		
弥补以前年度亏损额		
实际利润额		
税率		
应纳所得税额		
实际已缴所得税额	—	
应补(退)的所得税额	—	

记 账 凭 证

字 第 号

年　月　日　　　　附原始凭证　　　张附件　张

摘　要	科　目	子目或户名	✓	借 方 金 额											贷 方 金 额										
				亿	千	百	十	万	千	百	十	元	角	分	亿	千	百	十	万	千	百	十	元	角	分
合　计																									

会计　　　　　　　记账　　　　　　　出纳　　　　　　　复核　　　　　　　制单

中华人民共和国
企业所得税月(季)度预缴纳税申报表

税款所属期间：　　年　月　日至　　年　月　日

纳税人识别号：□□□□□□□□□□□□□□□□□□

纳税人名称：　　　　　　　　　　　　　金额单位：人民币元(列至角分)

行次	项　　目	本期金额	累计金额
1	一、按照实际利润额预缴		
2	营业收入		
3	营业成本		
4	利润总额		
5	加：特定业务计算的应纳税所得额		
6	减：不征税收入		
7	免税收入		
8	减征、免征应纳税所得额		
9	弥补以前年度亏损		
10	实际利润额(4行+5行-6行-7行-8行-9行)		
11	税率(25%)		
12	应纳所得税额		
13	减：减免所得税额		
14	其中：符合条件的小型微利企业减免所得税额		
15	减：实际已预缴所得税额	—	

续表

行次	项　　目	本期金额	累计金额
16	减：特定业务预缴(征)所得税额		
17	应补(退)所得税额(12行–13行–15行–16行)	—	
18	减：以前年度多缴在本期抵缴所得税额		
19	本月(季)实际应补(退)所得税额	—	
20	二、按照上一纳税年度应纳税所得额平均额预缴		
21	上一纳税年度应纳税所得额	—	
22	本月(季)应纳税所得额(21行×1/4或1/12)		
23	税率(25%)		
24	本月(季)应纳所得税额(22行×23行)		
25	减：符合条件的小型微利企业减免所得税额		
26	本月(季)实际应纳所得税额(24行–25行)		
27	三、按照税务机关确定的其他方法预缴		
28	本月(季)税务机关确定的预缴所得税额		
29	总分机构纳税人		
30	总机构	总机构分摊所得税额(19行或26行或28行×总机构分摊预缴比例)		
31		财政集中分配所得税额		
32		分支机构分摊所得税额(19行或26行或28行×分支机构分摊比例)		
33		其中：总机构独立生产经营部门应分摊所得税额		
34	分支机构	分配比例		
35		分配所得税额		

　　谨声明：此纳税申报表是根据《中华人民共和国企业所得税法》、《中华人民共和国企业所得税法实施条例》和国家有关税收规定填报的，是真实的、可靠的、完整的。

法定代表人(签字)：　　　　　　年　月　日

纳税人公章： 会计主管： 填表日期：　　年　月　日	代理申报中介机构公章： 经办人： 经办人执业证件号码： 代理申报日期：　年　月　日	主管税务机关受理专用章： 受理人： 受理日期：　　年　月　日

　　9. 计算 2014 年度应纳企业所得税额并填制记账凭证和申报表及有关附表。

　　(1)2014 年度应纳所得税额计算表。

应纳所得税额计算表　　　　　金额单位：元(列至角分)

项　目	金　额
三、利润总额(亏损总额以"-"号填列)	
加：纳税调整增加额	
减：纳税调整减少额	
加：境外所得弥补境内亏损	
减：弥补以前年度亏损	
应纳税所得额	
税率(25%)	
应纳所得税额	
减：减免所得税额	
减：抵免所得税额	
应纳税额	
加：境外所得应纳所得税额	
减：境外所得抵免所得税额	
实际应纳所得税额	
减：本年累计实际已预缴的所得税额	
本年应补(退)的所得税额	

(2)根据本年应补(退)的所得税额填制记账凭证。

记　账　凭　证　　　　　字　第　号

年　月　日　　附原始凭证　　张附件　张

摘　要	科　目	子目或户名	✓	借 方 金 额										贷 方 金 额									
				亿	千	百	十	万	千	百	十	元	角	分	亿	千	百	十	万	千	百	十	元	角	分
合　计																							

会计　　　　　记账　　　　　出纳　　　　　复核　　　　　制单

（3）填写企业所得税年度纳税申报表和纳税调整项目明细。

①企业所得税年度纳税申报表。

中华人民共和国企业所得税年度纳税申报表（A类）

税款所属期间： 年 月 日至 年 月 日

纳税人名称：

纳税人识别号：□□□□□□□□□□□□□□□□□□ 金额单位：元（列至角分）

行次	类别	项 目	金 额
1	利润总额计算	一、营业收入（填写A101010\101020\103000）	
2		减：营业成本（填写A102010\102020\103000）	
3		营业税金及附加	
4		销售费用（填写A104000）	
5		管理费用（填写A104000）	
6		财务费用（填写A104000）	
7		资产减值损失	
8		加：公允价值变动收益	
9		投资收益	
10		二、营业利润（1-2-3-4-5-6-7+8+9）	
11		加：营业外收入（填写A101010\101020\103000）	
12		减：营业外支出（填写A102010\102020\103000）	
13		三、利润总额（10+11-12）	
14	应纳税所得额计算	减：境外所得（填写A108010）	
15		加：纳税调整增加额（填写A105000）	
16		减：纳税调整减少额（填写A105000）	
17		减：免税、减计收入及加计扣除（填写A107010）	
18		加：境外应税所得抵减境内亏损（填写A108000）	
19		四、纳税调整后所得（13-14+15-16-17+18）	
20		减：所得减免（填写A107020）	
21		减：抵扣应纳税所得额（填写A107030）	
22		减：弥补以前年度亏损（填写A106000）	
23		五、应纳税所得额（19-20-21-22）	

行次	类别	项　　目	金　额
24		税率(25%)	
25		六、应纳所得税额(23×24)	
26		减：减免所得税额(填写 A107040)	
27		减：抵免所得税额(填写 A107050)	
28		七、应纳税额(25−26−27)	
29	应纳税额计算	加：境外所得应纳所得税额(填写 A108000)	
30		减：境外所得抵免所得税额(填写 A108000)	
31		八、实际应纳所得税额(28+29−30)	
32		减：本年累计实际已预缴的所得税额	
33		九、本年应补(退)所得税额(31−32)	
34		其中：总机构分摊本年应补(退)所得税额(填写 A109000)	
35		财政集中分配本年应补(退)所得税额(填写 A109000)	
36		总机构主体生产经营部门分摊本年应补(退)所得税额(填写 A109000)	
37	附列资料	以前年度多缴的所得税额在本年抵减额	
38		以前年度应缴未缴在本年入库所得税额	

②纳税调整项目明细表。

纳税调整项目明细表

填报时间：　年　月　日　　　　　　金额单位：元(列至角分)

行次	项　　目	账载金额	税收金额	调增金额	调减金额
		1	2	3	4
1	一、收入类调整项目(2+3+4+5+6+7+8+10+11)	*	*		
2	(一)视同销售收入(填写 A105010)	*			*
3	(二)未按权责发生制原则确认的收入(填写 A105020)				
4	(三)投资收益(填写 A105030)				

续表

行次	项　目	账载金额	税收金额	调增金额	调减金额
		1	2	3	4
5	（四）按权益法核算长期股权投资对初始投资成本调整确认收益	＊	＊	＊	
6	（五）交易性金融资产初始投资调整	＊	＊		＊
7	（六）公允价值变动净损益		＊		
8	（七）不征税收入	＊	＊		
9	其中：专项用途财政性资金（填写 A105040）	＊	＊		
10	（八）销售折扣、折让和退回				
11	（九）其他				
12	二、扣除类调整项目 （13+14+15+16+17+18+19+20+21+22+23+24+26+27+28+29）	＊	＊		
13	（一）视同销售成本（填写 A105010）	＊		＊	
14	（二）职工薪酬（填写 A105050）				
15	（三）业务招待费支出				＊
16	（四）广告费和业务宣传费支出（填写 A105060）	＊	＊		
17	（五）捐赠支出（填写 A105070）				＊
18	（六）利息支出				
19	（七）罚金、罚款和被没收财物的损失		＊		＊
20	（八）税收滞纳金、加收利息		＊		＊
21	（九）赞助支出		＊		＊
22	（十）与未实现融资收益相关在当期确认的财务费用				
23	（十一）佣金和手续费支出				＊
24	（十二）不征税收入用于支出所形成的费用	＊	＊		＊
25	其中：专项用途财政性资金用于支出所形成的费用（填写 A105040）	＊	＊		＊
26	（十三）跨期扣除项目				
27	（十四）与取得收入无关的支出		＊		＊
28	（十五）境外所得分摊的共同支出	＊	＊		＊
29	（十六）其他				

续表

行次	项　目	账载金额	税收金额	调增金额	调减金额
		1	2	3	4
30	三、资产类调整项目(31+32+33+34)	*	*		
31	（一）资产折旧、摊销（填写 A105080）				
32	（二）资产减值准备金		*		
33	（三）资产损失（填写 A105090）				
34	（四）其他				
35	四、特殊事项调整项目(36+37+38+39+40)	*	*		
36	（一）企业重组（填写 A105100）				
37	（二）政策性搬迁（填写 A105110）	*	*		
38	（三）特殊行业准备金（填写 A105120）				
39	（四）房地产开发企业特定业务计算的纳税调整额（填写 A105010）	*			
40	（五）其他	*	*		
41	五、特别纳税调整应税所得	*	*		
42	六、其他	*	*		
43	合计(1+12+30+35+41+42)	*	*		

全国高等会计职业教育系列规划教材

欢迎广大教师和读者就系列教材的内容、结构、设计以及使用情况等，提出您宝贵的意见、建议和要求，我们将为您提供优质的售后服务。

联系人：柴 艺　　E-mail: charcoalchai@126.com

武汉大学出版社（全国优秀出版社）